NEFF'S KLEINE HAUSBIBLIOTHEK

DIE SCHÖNSTEN
MÄRCHEN
VON CHARLES DICKENS

NEFF

© by Verlagsunion Pabel-Moewig KG, Rastatt
Druck und Bindung: Elsnerdruck, Berlin
Printed in Germany 1995
ISBN 3-8118-5863-7

Der Verwünschte

Erstes Kapitel. Der Empfang der Gabe . . . .　7
Zweites Kapitel. Die Verbreitung der Gabe . . . .　41
Drittes Kapitel. Die Zurücknahme der Gabe . . . . . .　95

Erstes Kapitel

Der Empfang der Gabe

Jedermann sagte das.

Es sei mir fern zu behaupten, das, was jedermann sagt, müsse wahr sein. Jedermann hat meistens ebensooft unrecht wie recht. Allgemeiner Erfahrung nach hat jedermann ziemlich oft unrecht gehabt, und es dauerte meistens entsetzlich lang, bevor man herausfand, wie sehr er unrecht gehabt hatte, daß seine Autorität zweifelhaft geworden war. Jedermann mag manchmal recht haben, aber das ist nicht die Regel.

Jedermann sagte, er sehe aus wie ein Verwünschter. Für diesmal beanspruche ich für jedermann nur, daß er so weit recht hatte. Er sah wirklich so aus — wie ein Geist — .

Wer seine hohlen Wangen sah, seine tiefliegenden, leuchtenden Augen, seine schwarzgekleidete Gestalt, die irgendwie einen abstoßenden Eindruck machte, obwohl sie kräftig und gut gebaut war, sein ergrauendes Haar, das ihm wie Seegras ums Gesicht hing, als wäre er sein ganzes Leben lang wie ein öder Fels umspült worden von den tosenden Wellen der Menschheit, mußte der nicht sagen: Er sieht aus wie ein Verwünschter?

Wer seine Art beobachtete, schweigsam, nach-

7

denklich, düster, immer zurückhaltend und nie fröhlich, mit der zerstreuten Miene eines Mannes, der an Zeiten und Orte von ehedem denkt oder auf Klänge aus alten Zeiten in seinem Inneren lauscht, mußte der nicht sagen: Seine Art ist die eines Verwünschten?

Wer seine Stimme vernahm, langsam, tief und ernst, mit einer natürlichen Fülle und Melodie, die er beständig zu unterdrücken bemüht zu sein schien, mußte der nicht sagen: Das ist die Stimme eines Verwünschten?

Wer ihn sah in seinem Studierzimmer, halb Bibliothek und halb Laboratorium — denn er war ein Chemiker von Weltruf und als Lehrer ein Mann, an dessen Lippen täglich Hunderte von Wißbegierigen hingen — wer ihn dort sah in einer stillen Winternacht, umgeben von seinen Flaschen und Instrumenten und Büchern; der Schatten seiner beschirmten Lampe ein riesengroßer Käfer an der Wand, bewegungslos unter einer Menge gespenstischer Gestalten, die das Flackern des Feuers auf·den seltsam geformten und fremdartig aussehenden Instrumenten um ihn hervorrief; einige dieser Phantome (Schatten von Gläsern mit Flüssigkeiten) im Herzen zitternd, wie Dinge, die seine Macht kannten, sie zu zersetzen und ihre Bestandteile dem Feuer und dem Rauch wiederzugeben versuchten; wer ihn dort sah nach getaner Arbeit, wie er nachdenklich dasaß vor dem flackernden Feuer, mußte der nicht sagen, daß der Mann aussehe wie verwünscht, und das Zimmer dazu?

Seine Wohnung war so einsam und gruftartig — der alte, abgelegene Teil eines ehemaligen Kollegs, einst ein schönes Gebäude auf einem freien Platz, jetzt aber die veraltete Grille vergessener Baumeister, von

Alter, Rauch und Wetter gebräunt, auf allen Seiten eingeklemmt von der großen Stadt und wie ein alter Brunnen, zugestopft mit Steinen und Ziegeln; seine kleinen Höfe in wahren Abgründen liegend zwischen den Straßen und Gebäuden, die im Lauf der Zeit die unförmigen Schornsteine des alten Gebäudes übertürmt hatten.

Seine Stube im innersten Herzen des Gebäudes war so düster und alt, so verfallen und doch so fest mit ihren wurmzerfressenen Holzbalken in der Decke und der derben Diele, die sich von der Tür abwärts senkte bis zu dem großen Kamin aus Eichenholz. Mitten in der Stadt und eingekreist von ihren andrängenden Gebäuden, und doch so veraltet in ihrem ganzen Aussehen; so still und doch so reich an hallenden Echos, wenn eine ferne Stimme erklang oder eine Tür zufiel — Echos, die sich nicht auf die vielen niedrigen Gänge und leeren Zimmer beschränkten, sondern fortrollten und murrten, bis sie in der schweren Luft der vergessenen Krypta erstickten, deren gotische Bogen halb in der Erde begraben waren.

Ihr hättet ihn sehen sollen in seiner Stube um die Dämmerstunde im tiefen Winter.

Wenn er so dasaß, in das Feuer starrend. Wenn mit seinem wechselnden Flackern die Schatten kamen und gingen. Wenn er sie nicht beachtete, sondern, sie mochten kommen oder gehen, starr ins Feuer sah.

Wenn die Töne, die sich zugleich mit den Schatten erhoben hatten und auf des Zwielichts Ruf aus ihren Verstecken hervorgekommen waren, alles ringsum nur noch stiller zu machen schienen. Wenn der Wind im Schornstein polterte und im Haus manchmal stöhnte und manchmal heulte.

Da klopfte aber jetzt jemand an seine Tür, und er wachte auf.

„Wer ist da?" sagte er. „Herein!"

Sicherlich hatte keine Gestalt hinter seinem Stuhl gestanden, kein Gesicht auf ihn herabgeschaut. Gewiß berührte kein gleitender Tritt den Fußboden, als er aufschreckend den Kopf hob und sprach. Und doch war kein Spiegel im Zimmer, auf den seine Gestalt nur einen Augenblick lang ihren Schatten hätte werfen können, und ein Etwas war vorübergedunkelt und verschwunden.

„Ich bitte ergebenst um Verzeihung, Sir", sagte ein rotbäckiges, geschäftiges Männchen, das die Tür mit dem Fuß offen hielt, um sich und ein Servierbrett hereinzulassen, und sie sehr allmählich und vorsichtig wieder losließ, damit sie geräuschlos zufalle, „wenn es heute ein wenig spät geworden ist. Aber Mrs. William hat so viel mit dem Wind zu schaffen gehabt – "

„Mit dem Wind? Ja, ich habe ihn brausen hören."

„Mit dem Wind, Sir – daß es ein wahres Glück ist, daß sie überhaupt noch nach Hause gekommen ist. Jawohl, jawohl. Mit dem Wind. Mr. Redlaw."

Er hatte unterdessen das Servierbrett abgestellt und machte sich daran, die Lampe anzuzünden und den Tisch zu decken. Davon ließ er aber sogleich wieder ab und lief zum Feuer, um es zu schüren und nachzulegen. Dann nahm er seine vorige Beschäftigung wieder auf. Die angezündete Lampe und das aufflackernde Feuer gaben dem Zimmer so rasch ein anderes Aussehen, daß es den Eindruck machte, als ob das bloße Erscheinen seines frischen roten Gesichts und seines rührigen Wesens die wohltuende Veränderung hervorgebracht hätte.

„Mrs. William ist natürlich zu jeder Zeit der Möglichkeit ausgesetzt, Sir, von den Elementen aus dem Gleichgewicht gebracht zu werden. Darüber kann sie nicht hinaus!"

„Nein", entgegnete Mr. Redlaw freundlich, aber kurz.

„Nein, Sir. Mrs. William kann aus dem Gleichgewicht gebracht werden von der Erde; wie zum Beispiel am Sonntag vor acht Tagen…"

Als er, eine Antwort erwartend, im Reden innehielt, ertönte ein ‚Ja' mit genau der gleichen Betonung wie vorhin.

„Ja, Sir. Ach Gott, ja!" sagte Mr. Swidger, immer noch beschäftigt, den Tisch zu decken.

Da Mr. William von dem in Gedanken versunkenen Mann, zu dem er sprach, keine Antwort erhielt, so näherte er sich ihm und tat so, als ob er zufällig mit einer Karaffe auf den Tisch stoße, um ihn aus seinem Brüten zu wecken. Als ihm das gelungen war, fuhr er fort zu reden, wie mit eilfertiger Zustimmung.

„Ja, Sir! Das sage ich auch. Mrs. William und ich haben das oft gesagt. ‚Swidgers sind genug da', sagen wir, ‚ohne *unsere* freiwilligen Beiträge' – Butter. – Wahrhaftig, Sir, mein Vater ist schon für sich eine Familie – Beilagen –, für die zu sorgen ist; und es ist im ganzen recht gut, daß wir selber keine Kinder haben, obgleich Mrs. William ein bißchen still dadurch geworden ist. Vollkommen bereit für das Huhn und die Kartoffeln, Sir? Mrs. William sagte, sie wollte in zehn Minuten auftragen, als ich heraufging."

„Ich bin bereit", sagte Mr. Redlaw, wie aus einem Traum erwachend und langsam auf und ab gehend.

„Mrs. William hat wieder etwas gemacht, Sir!" sag-

te der Aufwärter, während er einen Teller am Feuer wärmte und lächelnd sein Gesicht davon beschatten ließ. Mr. Redlaw blieb stehen, und in seinem Gesicht machte sich Interesse bemerkbar.

„Ich sage es immer, Sir. Sie muß es tun! Mrs. William hat ein Muttergefühl in ihrer Brust, das sich Luft machen will und muß."

„Was hat sie getan?"

„Ja, Sir, nicht zufrieden, alle die jungen Gentlemen zu bemuttern, die aus allen Gegenden hierherkommen, um Ihre Vorlesungen im alten Stiftungs-Kolleg zu hören — es ist merkwürdig, wie bei diesem kalten Wetter Porzellan die Hitze annimmt, wahrhaftig!" Er wendete hier den Teller um und blies auf seine Finger.

„Nun?" sagte Mr. Redlaw.

„Das sage ich auch immer, Sir", entgegnete Mr. William, wie in eilfertiger und freudiger Zustimmung über die Achseln sprechend. „Das ist's eben, Sir! Alle unsere Studenten, ohne Ausnahme, scheinen Mrs. William in diesem Licht zu betrachten. Jeden Tag, den ganzen Kurs hindurch, steckt einer nach dem andern den Kopf zur Tür herein, und alle haben ihr etwas zu sagen oder sie etwas zu fragen. ‚Swidge' nennen sie im allgemeinen Mrs. William unter sich, wie ich höre. Aber das sage ich immer, Sir: Viel besser, sich seinen Namen verdrehen zu lassen, wenn es mit wirklicher Liebe geschieht, als wenn man wer weiß wieviel daraus macht und niemand sich um einen kümmert! Wozu ist ein Name da? Damit man jemand daran erkennt. Wenn Mrs. William an etwas Besserem als an ihrem Namen erkannt wird — ich spreche von Mrs. Williams Eigenschaften und Charakter —, so kommt's nicht auf ihren Namen an, wenn er auch von Rechts wegen Swidger ist. Mögen sie sie Swidge, Widge, Bridge oder weiß Gott sonstwie nennen!"

Mit dem Schluß dieser glänzenden Rede erreichten er und der Teller den Tisch, auf den er diesen dann mit einem lebhaften Gefühl, daß er durch und durch warm sei, halb legte und halb fallen ließ. Im selben Augenblick trat der Gegenstand seines Lobes, beschwert mit einem zweiten Tablett und einer Laterne und begleitet von einem ehrwürdigen Greis mit langem, grauem Haar, ins Zimmer.

Mrs. William war, wie Mr. William, eine einfache Person von harmlosem Aussehen, auf deren glatten Wangen sich das heitere Rot der Bedientenweste ihres Gatten angenehm wiederholte. Aber während Mr. Williams blondes Haar ihm auf dem ganzen Kopf zu Berge stand und seine Augen mit einem Übermaß von rühriger Bereitwilligkeit für alles mögliche emporzuziehen schien, war das dunkelbraune Haar der Mrs. William sorgsam glatt gestrichen. Während selbst Mr. Williams Hose sich an den Knöcheln emporkrempelte, als liege es nicht in ihrer stahlgrauen Art, sich ruhig zu verhalten, ohne sich umzuschauen, war Mrs. Williams niedlich geblümtes Kleid — rot und weiß, wie ihr eigenes hübsches Gesichtchen — so nett und ordentlich, als ob selbst der Wind, der draußen wehte, nicht eine einzige seiner Falten aus der Fassung bringen könnte.

„Pünktlich natürlich, Milly", sagte ihr Mann, während er ihr das Tablett abnahm, „wie es von dir nicht anders zu erwarten ist. Hier ist Mrs. William, Sir! — Er sieht heute verlassener aus denn je", flüsterte er seiner Frau zu, „und ganz geisterhaft!"

Ohne Eilfertigkeit oder Lärm, selbst ohne sich bemerkbar zu machen, so ruhig und still war sie, setzte

15

Milly die mitgebrachten Gerichte auf den Tisch. Mr. William war nach vielem Herumklappern und Herumlaufen bloß im Besitz eines Schüsselchens mit Bratensauce gekommen, das er dienstbereit in der Hand hielt.

„Was trägt der Alte da im Arm?" fragte Mr. Redlaw, als er sich zu seinem einsamen Mahl hinsetzte.

„Stechpalmenzweige, Sir", erwiderte Mrs. Williams ruhige Stimme.

„Das habe ich immer gesagt", fiel Mr. William ein und reichte das Schüsselchen hin. „Beeren passen so gut für die Jahreszeit! – Braune Sauce!"

„Wieder ein Weihnachten da, wieder ein Jahr vorüber!" murmelte der Chemiker mit einem trüben Seufzer. „Immer mehr Ziffern in der stets länger werdenden Summe von Erinnerungen, die wir beständig zu unserer Qual nachrechnen, bis der Tod alles durcheinanderwirft und wegwischt. Philip!"

„Ihr gehorsamster Diener, Sir", sagte der Alte. „Hätte früher gesprochen, Sir, aber kenne Ihre Art, Mr. Redlaw –, bin stolz darauf – und warte, bis man mich anredet! ‚Fröhliche Weihnachten', Sir, und ‚Glückliches Neujahr', und noch viele davon. Habe selbst eine hübsche Anzahl davon erlebt – haha! – und darf mir die Freiheit nehmen, sie anderen zu wünschen. Bin siebenundachtzig!"

„Habt Ihr viele erlebt, die fröhlich und glücklich waren?" fragte Mr. Redlaw.

„Ja, Sir, sehr viele", entgegnete der Alte.

„Hat sein Gedächtnis vom Alter gelitten? Es läßt sich erwarten", sagte Mr. Redlaw leiser, zum Sohn gewendet.

„Nicht ein bißchen, Sir", erwiderte Mr. William. „Das sage ich immer, Sir. Habe noch kein solches Ge-

dächtnis gesehen, wie es mein Vater hat. Er ist der wunderbarste Mann von der Welt. Er weiß nicht, was Vergessen heißt. Das sage ich auch immer zu Mrs. William, Sir, Sie können mir's glauben."

In seinem höflichen Verlangen, um keinen Preis zu widersprechen, sagte Mr. Swidger dies, als ob kein Buchstabe Widerspruch darin wäre und er alles in unbegrenzter und unbedingter Übereinstimmung mit dem Fragenden vorbrächte.

Der Chemiker schob den Teller von sich, stand vom Tisch auf und ging zur Tür, wo der Alte stand und ein kleines Stechpalmenzweiglein, das er in der Hand hielt, betrachtete.

„Es erinnert an die Zeit, wo viele dieser Jahre alt und neu waren!" sagte er, indem er ihn aufmerksam ansah und seine Schulter berührte. „Nicht wahr?"

„Oh, viele, viele!" sagte Philip, halb aus seinem Sinnen erwachend. „Ich bin siebenundachtzig."

„Fröhlich und glücklich, nicht wahr?" fragte der Chemiker mit sanfter Stimme weiter. „Fröhlich und glücklich, Alter?"

„Vielleicht so groß, nicht größer", sagte der Alte und bezeichnete mit der Hand die Höhe seines Knies, während er den Fragenden mit einem Gesicht anschaute, das in ferne Zeiten zu blicken schien, „war ich an dem ersten Christfest, dessen ich mich erinnere! Ein kalter, heller Tag war es draußen im Freien, als mir jemand — so gewiß Sie dort stehen, war's meine Mutter, obgleich ich mich nicht erinnern kann, wie ihr liebes Gesicht aussah, denn sie legte sich noch zu Weihnachten hin und starb — sagte, diese Beeren wären Futter für die Vögel. Der hübsche kleine Kerl — das bin ich, müssen Sie wissen — glaubte, daß die Vögel so glänzende

18

Augen hatten, weil die Beeren, von denen sie im Winter lebten, so glänzend waren. Ich erinnere mich dessen noch, und ich bin siebenundachtzig!"

„Fröhlich und glücklich!" sagte der andere vor sich hin und sah mitleidig lächelnd die alte, gebeugte Gestalt an. „Fröhlich und glücklich – und an alles sich erinnernd?"

„Ja, ja, ja!" sagte der Alte, die letzten Worte vernehmend. „Ich kann mich noch recht gut auf die Feiertage besinnen aus meiner Schulzeit und das lustige Leben, das sie mit sich brachten. Ich war damals ein starker Bursche, Mr. Redlaw, und Sie können mir's glauben, ich hatte nicht meinesgleichen im Ballschlagen auf zehn Meilen in der Runde. Wo ist mein Sohn William? Hatte nicht meinesgleichen im Ballspiel, William, auf zehn Meilen in der Runde!"

„Das habe ich immer gesagt, Vater!" erwiderte der Sohn rasch und mit großer Ehrerbietung. „Ihr seid ein Swidger, wie es nur einen in der Familie gab!"

„Gott!" sagte der Alte und schüttelte den Kopf, während er auf die Stechpalmenzweige blickte. „Seine Mutter – mein Sohn William ist mein Jüngster – und ich, wir haben mitten unter ihnen gesessen, Knaben und Mädchen, groß und klein, manches Jahr, wenn die Beeren wie diese hier nicht halb so glänzten wie ihre schmucken Gesichter. Viele von ihnen sind hinüber; sie ist hinüber, und mein Sohn George (unser Ältester, auf den sie stolzer war als auf alle übrigen) tief, tief gesunken! Aber wenn ich das hier anblicke, kann ich sie alle sehen, wie sie in jenen Tagen waren; und auch ihn kann ich sehen in seiner Unschuld. Es ist ein großer Gottessegen für mich bei siebenundachtzig Jahren."

Der scharfe Blick hatte allmählich den Boden gesucht.

„Und als sich meine Verhältnisse verschlechterten, weil man nicht ehrlich mit mir verfuhr, und ich zuerst hierherkam als Kastellan", sagte der Alte, „das ist über fünfzig Jahre her — wo ist mein Sohn William? Über ein halbes Jahrhundert her, William!"

„Das sage ich auch, Vater", entgegnete William so rasch und ehrerbietig wie vorhin. „Das ist ganz richtig so. Zwei mal null ist null und zwei mal fünf ist zehn, macht hundert."

„Da war es eine rechte Freude, zu wissen, daß einer unserer Gründer oder, richtiger gesagt", verbesserte sich der Alte mit einer wahren Freude an dem Gegenstand seiner Rede und seiner Kenntnis, „einer der gelehrten Herren, die uns zu Königin Elisabeths Zeit beschenkten — denn wir waren schon viel früher gegründet —, in seinem Testament unter anderen Schenkungen eine Summe aussetzte, um alle Weihnachten Stechpalmenzweige zum Ausschmücken der Wände und Fenster zu kaufen. Darin lag etwas Freundliches und Gemütliches. Als wir damals noch ganz fremd zur Weihnachtszeit hierherkamen, faßten wir eine richtige Liebe zu seinem Bild, das in dem Saale hing, der früher, ehe die zehn armen Studenten anstatt des Tisches ein Geldstipendium bekamen, unser großer Speisesaal war. — Ein gesetzter Gentleman mit Spitzbart und Halskrause, und unter dem Bild steht in gotischen Buchstaben: ,Herr! Erhalte mein Gedächtnis frisch!' Sie wissen es ja, Mr. Redlaw."

„Ich weiß, daß das Bild dort hängt, Philip."

„Ja, es ist das zweite rechts über der Eichentäfelung. Ich wollte bloß sagen: er hat mir das Gedächtnis frisch erhalten; denn wenn ich alljährlich so wie heute durch die alten Gemächer gehe und sie auffrische mit

20

diesen Zweigen und Beeren, so frischt das auch mein Gedächtnis auf. Ein Jahr bringt das andere zurück, und das andere wieder andere, und diese anderen eine ganze Menge! Zuletzt wird es mir, als ob der Geburtstag unseres Herrn zugleich der Geburtstag von allem wäre, was ich geliebt, gekannt oder woran ich mich erfreut habe – und das ist ganz schön viel, denn ich bin siebenundachtzig!"

„Fröhlich und glücklich", sagte Redlaw vor sich hin.

Ein seltsames Dunkel fing an, sich im Zimmer zu verbreiten.

„Sie sehen also, Sir", fuhr der alte Philip fort, dessen gesunde Greisenwangen sich mehr röteten und dessen blaue Augen lebhafter zu leuchten anfingen, als er sprach, „ich habe viel zu feiern, wenn ich dieses Fest feiere. Nun, wo ist mein stilles Mäuschen? Schwatzen ist die Erbsünde meiner Jahre, und die Hälfte der Zimmer ist noch zu schmücken, wenn die Kälte uns nicht zu schaffen macht, der Wind uns nicht wegbläst oder die Dunkelheit uns nicht verschlingt."

Das stille Mäuschen stand neben ihm und nahm schweigend seinen Arm, ehe er ausgesprochen hatte.

„Komm, Liebe", sagte der Alte. „Mr. Redlaw kommt sonst nicht zum Essen. Sie werden mein Geplauder verzeihen, Sir, und ich wünsche Ihnen gute Nacht und noch einmal ein fröhliches – "

„Bleibt!" sagte Mr. Redlaw und nahm wieder am Tisch Platz, wie es schien, mehr um den alten Kastellan zu beruhigen, als weil ihn sein Appetit dazu mahnte. „Noch einen Augenblick, Philip! William, Ihr wolltet mir eben etwas sagen, was Eurer vortrefflichen Frau zur Ehre gereicht. Es wird ihr nicht unangenehm sein, wenn sie aus Eurem Munde ihr Lob hört. Was war es?"

„Ja, sehen Sie, Sir, das ist's eben", entgegnete Mr. William Swidger und blickte in ziemlicher Befangenheit seine Frau an. „Mrs. William sieht mich so an."

„Aber Ihr fürchtet Euch doch nicht vor Mrs. William?"

„Ach nein, Sir, das sage ich eben", erwiderte Mr. Swidger. „Sie ist nicht so, daß man sich vor ihr fürchten müßte. Aber ich möchte nicht gern – Milly! – der, du weißt schon – unten im Kolleg."

Hinter dem Tisch stehend und sich sehr verlegen mit den Gegenständen darauf beschäftigend, warf Mr. William seiner Frau ausdrucksvolle Blicke zu und deutete verstohlen mit Kopf und Daumen auf Mr. Redlaw, als wollte er sie auffordern, sich ihm zu nähern.

„Nun, der unten, Liebe", sagte Mr. William. „Unten im Kolleg. Erzähle es doch, Frau. Du bist im Vergleich mit mir wie Shakespeares Werke. Der unten im Kolleg – du weißt ja, Frau – Student."

„Student?" wiederholte Mr. Redlaw und erhob den Kopf.

„Das wollte ich sagen, Sir!" rief Mr. William, mit größter Lebhaftigkeit zustimmend. „Wenn's nicht der arme Student unten im Kolleg wäre, warum sollten Sie es dann aus Mrs. Williams Mund zu hören wünschen? Mrs. William, meine Liebe – Kolleg."

„Ich wußte nicht", sagte Milly mir einer ruhigen Offenheit, die ganz frei war von Hast oder Verwirrung, „daß William etwas davon gesagt hat, sonst wäre ich nicht gekommen. Ich bat ihn, es nicht zu tun. Er ist ein kranker junger Gentleman, Sir – und sehr arm, fürchte ich –, der zu krank ist, um zum Fest nach Hause zu reisen, und der ganz verlassen in einem Zimmer, das für einen Gentleman schlecht genug ist, unten im Jerusalemkolleg wohnt. Weiter ist's nichts, Sir."

„Warum habe ich nie etwas von ihm gehört?" fragte der Chemiker, rasch aufstehend. „Warum hat er mich nicht von seiner Lage unterrichtet? Krank! — Gebt mir Hut und Mantel her. Arm! — In welchem Haus? — Welche Nummer?"

„Ach, Sie dürfen nicht hingehen, Sir", sagte Milly und trat ihm mit ihrem ruhigen Antlitz entgegen.

„Nicht hingehen?"

„Ach Gott, nein!" sagte Milly und schüttelte den Kopf. „Daran ist gar nicht zu denken!"

„Was soll das heißen? Warum nicht?"

„Ja, sehen Sie, Sir", sagte Mr. William Swidger beschwichtigend und zutraulich, „das sage ich eben. Verlassen Sie sich darauf, der junge Herr hätte seine Lage nie einem Menschen anvertraut. Mrs. William hat sich sein Vertrauen erworben, aber das ist etwas anderes. Sie haben alle Vertrauen zu Mrs. William; ihr gegenüber sind sie alle offen. Ein Mann, Sir, hätte kein Sterbenswörtchen aus ihm herausgekriegt; aber eine Frau, Sir, und noch dazu Mrs. William — !"

„Es liegt Wahrheit und Zartgefühl in dem, was Ihr sagt, William", gab Mr. Redlaw zur Antwort, indem er auf das sanfte und stille Gesicht neben sich blickte, und den Finger auf den Mund legend, drückte er ihr heimlich seine Börse in die Hand.

„Ach Gott, nein, Sir!" sagte Milly und gab sie wieder zurück. „Schlimmer und schlimmer! Kein Gedanke!"

Sie war eine so besonnene, praktische Hausfrau und die rasche Zurückweisung des Anerbietens hatte sie so wenig aus der Ruhe gebracht, daß sie gleich darauf wieder ein paar Blätter vom Boden auflas, die zwischen der Schere und der Schürze durchgeschlüpft waren.

23

Als sie, wieder aufstehend, sah, daß Mr. Redlaw sie immer noch zweifelnd und erstaunt betrachtete, wiederholte sie ruhig, während sie sich umsah, ob vielleicht noch ein paar Blättchen ihrer Aufmerksamkeit entgangen wären:

„Ach Gott, nein, Sir. Er sagte, von allen in der Welt wolle er nicht Ihnen bekannt sein oder eine Unterstützung von Ihnen empfangen — obgleich er ein Student Ihres Lehrgangs ist. Ich habe nichts verheimlicht, aber ich verlasse mich ganz auf Ihre Ehre."

„Warum sagte er das?"

„Das weiß ich wirklich nicht, Sir", sagte Milly, „dazu bin ich nicht gelehrt genug, wissen Sie; und ich wollte mich ihm bloß nützlich machen und alles um ihn sauber und hübsch halten und habe das bis jetzt getan. Aber ich weiß, daß er arm und verlassen ist und daß sich niemand um ihn kümmert. — Wie finster es ist!"

Das Zimmer wurde dunkler und dunkler. Ein schwerer, trüber Schatten sammelte sich hinter dem Stuhl des Chemikers.

„Was wissen Sie weiter von ihm?" fragte er.

„Er ist verlobt und will heiraten, wenn er die Mittel dazu hat", sage Milly. „Er studiert, glaube ich, um sich später seinen Lebensunterhalt damit verdienen zu können. Ich habe lange, lange Zeit zugesehen, daß er angestrengt studiert und sich viel versagt hat. — Wie dunkel es ist!"

„Es wird auch kälter", sagte der Alte, sich die Hände reibend. „Es ist so schaurig und unheimlich im Zimmer. Wo ist mein Sohn William? William, mein Sohn, drehe den Docht der Lampe in die Höhe und schüre das Feuer!"

Millys Stimme ertönte von neuem wie sanfte, leise Musik:

„Er sprach gestern im unruhigen Schlummer, nachdem er mich genannt" (das sagte sie zu sich selbst), „von jemand, der gestorben, und einem großen, nie zu vergebenden Unrecht, das geschehen sei; aber ob es ihm oder einem andern widerfahren ist, das weiß ich nicht. Er hat es jedenfalls nicht getan, das weiß ich."

„Kurz, Mrs. William, sehen Sie — was sie selbst nie sagen würde, Mr. Redlaw, und wenn sie das ganze nächste Jahr hierbleiben sollte — " flüsterte William ihm ins Ohr, „hat ihm unzählige gute Dienste geleistet. Wahrhaftig, unzählige gute Dienste! Zu Hause immer noch die alte — meinem Vater es noch immer so bequem gemacht wie früher — kein Stäubchen im Haus zu finden, und wenn sie fünfzig Pfund dafür geben wollten — Mrs. William immer da, wenn sie gebraucht wurde — und Mrs. William immer hin und her, hin und her, auf und ab, auf und ab, eine wahre Mutter für ihn."

Das Zimmer wurde dunkler und schauriger, und der Schatten hinter dem Stuhl dichter und schwerer.

„Noch nicht zufrieden damit, geht Mrs. William heute abend aus und findet, als sie nach Hause kommt (es ist noch nicht ein paar Stunden her), ein Geschöpf, mehr ein junges Tier als ein kleines Kind, frierend vor der Tür stehen. Was sollte Mrs. William anders tun, als es mit nach Hause nehmen, damit es sich wärme, satt esse und dableibe, bis am Weihnachtsmorgen das gewöhnliche Geschenk an Essen und Flanell ausgeteilt wird? Wenn es nie Feuer gefühlt hat, so geschieht es heute; denn es sitzt an dem alten Kamin und starrt das Feuer an, als ob es die gierigen Augen nie wieder zumachen wollte. Es sitzt wenigstens dort", sagte Mr. William

25

halblaut, nach einigem Nachdenken sich selbst verbessernd, „wenn es nicht fortgelaufen ist!"

„Möge der Himmel ihr immer Glück schenken", sagte der Chemiker laut, „und auch Euch, Philip, und Euch, William! Ich muß überlegen, was jetzt zu tun ist. Ich werde diesen Studenten vielleicht besuchen, aber ich will Euch jetzt nicht länger aufhalten. Gute Nacht!"

„Danke Ihnen, Sir", sagte der Alte, „in Mäuschens Namen, in meines Sohnes William und in meinem eigenen Namen. Wo ist mein Sohn William? William, nimm die Laterne und geh voraus durch die langen dunklen Gänge, wie du es voriges Jahr tatest und das Jahr davor. Haha! Ich erinnere mich dessen — bin ich auch siebenundachtzig! ‚Herr, erhalte mein Gedächtnis frisch!' Ein hübscher Spruch des gelehrten Herrn mit dem Spitzbart in der Halskrause unten im Speisesaal. ‚Herr, erhalte mein Gedächtnis frisch!' Ein schöner und frommer Spruch, Sir. Amen! Amen!"

Als sie hinausgingen und die schwere Tür zumachten, die, so vorsichtig sie sie auch schlossen, eine lange Reihe donnernder Echos wachrief, wurde das Zimmer noch dunkler.

Während er auf seinem Stuhl in tiefes Brüten versank, schrumpfte die frische Stechpalme an der Wand allmählich zusammen und fiel schließlich als welkes Gezweig herab.

Finsternis und Dunkel hinter ihm verdichteten sich mehr und mehr, und in geisterhafter Verwandlung, der kein Menschenauge folgen konnte, löste sich daraus ein schauerliches Abbild seiner selbst.

Leichenhaft und kalt, farblos und mit fahlem Gesicht, aber mit *seinen* Zügen, *seinen* Augen und *seinem* ergrauenden Haar und angetan mit *seinem* dunklen Schattenkleid, trat es in schreckliches Leben, bewegungslos und ohne einen Laut.

Wie er seinen Arm auf die Stuhllehne legte und grübelnd vor dem Feuer saß, so lehnte sich das Phantom auf die Rücklehne und sah mit dem schauerlichen Abbild seines Gesichts dahin, wohin er schaute, und trug auf seinem Gesicht denselben Ausdruck wie er.

Das war also das Etwas, das da gewesen und gegangen war. Das war der grausige Gefährte des Verwünschten!

Einige Augenblicke lang schien es ihn nicht mehr zu beachten als er die Erscheinung.

Die Weihnachtsmusikanten spielten in der Ferne, und er schien der Musik zu lauschen. Auch das Gespenst schien zu lauschen.

Endlich sprach er, ohne sich zu bewegen oder aufzublicken.

„Wieder da?"

„Wieder da!" erwiderte es.

„Ich sehe dich in der Flamme", sagte der Verwünschte; „ich höre dich in der Musik, im Wind, in der Totenstille der Nacht."

Die Erscheinung bewegte zustimmend das Haupt.

„Warum kommst du? Warum verfolgst du mich?"

„Ich komme, wenn ich gerufen werde", entgegnete der Geist.

„Nein, ungerufen!" rief der Chemiker.

„Ja! — auch ungerufen!" sagte das Gespenst. „Jedenfalls bin ich jetzt da."

Bis jetzt hatte der Schein der Flamme die beiden Gesichter, die ihm zugewandt waren, beleuchtet und keines hatte das andere angeblickt. Aber jetzt drehte sich der Verwünschte plötzlich um und starrte das Gespenst an. Ebenso rasch erschien das Gespenst vor dem Stuhl und starrte ihn an.

So sahen sich der Lebende und das Gespenst in die Augen.

„Sieh mich an!" sagte das Gespenst. „Ich bin der, der in der Jugend, vernachlässigt und unendlich arm, strebte und duldete und immerfort strebte und duldete, bis ich die Wissenschaft aus der Tiefe holte, in der sie begraben lag, und rauhe Stufen daraus machte, damit meine wunden Füße darauf ruhen und emporsteigen könnten."

„Ich bin der", erwiderte der Chemiker.

„Keine Mutterliebe", fuhr der Geist fort, „keines Vaters Ratschläge halfen mir. Ein Fremder trat an meines Vaters Stelle, als ich noch ein Kind war, und ich wurde leicht meiner Mutter Herzen entfremdet. Meine Eltern gehörten im besten Falle zu denen, deren Sorge bald aufhört und deren Pflicht bald getan ist; die ihre Sprößlinge bald hinausstoßen, wie die Vögel, und die, wenn ihre Kinder guttun, das Verdienst davon, und wenn sie mißraten, das Mitleid dafür beanspruchen."

Er schwieg und schien ihn reizen zu wollen mit seinem Blick und mit dem Ton seiner Rede und mit seinem Lächeln.

„Ich bin der", fuhr der Geist fort, „der während des heißen Mühens emporzukommen, einen Freund fand. Ich fand ihn, gewann ihn, fesselte ihn an mich; wir arbeiteten an einem Tisch. Alle Zuneigung und alles Vertrauen, die in meiner früheren Jugendzeit niemand gehabt hatte, gegen den sie sich hätten äußern können, übertrug ich auf ihn."

„Nicht alles", sagte Redlaw mit heiserer Stimme.

„Nein, nicht alles", entgegnete der Geist. „Ich hatte eine Schwester."

28

Der Verwünschte, das Gesicht auf die Hand gestützt, antwortete: „Ja!"

Mit tückischem Lächeln trat der Geist noch näher an den Stuhl, stützte das Kinn auf und blickte mit forschenden Augen, die von Feuer erfüllt zu sein schienen, auf ihn hinab.

„Was ich jemals an Familienleben gefühlt", fuhr er fort, „das danke ich ihr. Wie jugendlich war sie, wie schön, wie liebreich! Ich nahm sie mit an den ersten armen Herd, dessen Herr ich wurde, und sie machte ihn reich! Sie trat in das Dunkel meines Lebens und machte es hell. — Sie steht jetzt vor mir!"

„Ich sah sie eben jetzt erst in der Flamme. Ich höre sie in der Musik, im Wind, in der Stille der Nacht", erwiderte der Verwünschte.

„Hat er sie geliebt?" fragte der Geist in dem gleichen nachdenklichen Ton. „Ich glaube, er tat es früher. Ich bin überzeugt, er tat es. Besser wäre es gewesen, sie hätte ihn weniger geliebt, weniger heimlich, weniger heiß, und mehr aus der seichten Tiefe eines halben Herzens!"

„Laß mich vergessen!" sagte der Chemiker mit einer abwehrenden Bewegung der Hand.

Ohne sich zu regen und die grausamen Augen starr auf sein Gesicht geheftet, fuhr das Gespenst fort:

„Ein Traum gleich dem ihrigen überkam auch mich!"

„Ja", sagte Redlaw.

„Eine Liebe, der ihrigen so gleich, als es meiner gröberen Natur möglich war", sprach das Gespenst weiter, „erblühte in meinem Herzen. Ich war zu arm damals, um durch Versprechen oder Bitten ihren Gegenstand an mein Schicksal zu fesseln. Ich liebte sie viel zu sehr, als daß ich das hätte versuchen sollen. Aber mehr als je in meinem Leben mühte ich mich ab, um emporzukommen. Nur ein einziger gewonnener Zoll brachte mich schon dem Gipfel näher. Ich mühte mich weiter. In meinen späten Mußestunden damals — meine Schwester, die liebliche Gefährtin, saß stets mit mir am kaltgewordenen Kamin —, wenn der Tag graute, welche Zukunftsbilder sah ich dann!"

„Ich sah sie erst jetzt in der Flamme", sagte er halblaut vor sich hin. „Sie kommen zu mir in der Stille der Nacht, im Wechsel der Jahre."

„Bilder meines eigenen Familienlebens in späterer Zeit mit ihr, die mich zu meiner Arbeit begeisterte. Bilder von meiner Schwester als Gattin meines teuren Freundes. Bilder unseres späteren ruhigeren Alters und stillen Glücks", sagte das Gespenst.

„Bilder", sagte der Verwünschte, „die Täuschungen waren. Warum muß ich mich so deutlich erinnern!"

„Täuschungen", wiederholte das Gespenst mit seiner eintönigen Stimme und starrte ihn an. „Denn mein Freund, vor dem ich kein Geheimnis hatte, trat zwischen mich und den Mittelpunkt meiner Hoffnungen und Mühen, gewann sie für sich und zertrümmerte meine schwache Welt. Meine Schwester, doppelt geliebt, doppelt hingebend und doppelt liebevoll unter meinem Dach, erlebte es noch, daß ich berühmt und mein alter Ehrgeiz belohnt wurde, als das, was ihn angespornt hatte, schon nicht mehr vorhanden war, und dann — "

„Dann starb sie", fiel er ein. „Sie starb so sanft glücklich und mit keiner Sorge, außer für ihren Bruder. Still!"

Das Gespenst beobachtete ihn stillschweigend.

„In Erinnerung behalten", sagte der Verwünschte

31

nach einer Pause. „Ja. So gut in Erinnerung behalten, daß selbst jetzt, wo Jahre darüber hingegangen sind und mir nichts wichtiger und törichter vorkommt als diese Liebe meiner Knabenzeit, ich noch immer mit Teilnahme an sie denke, als ob es die Liebe eines jüngeren Bruders oder Sohns wäre. Manchmal frage ich mich verwundert, wann ihr Herz sich ihm zuerst zugeneigt und wie es einst mit gesinnt war. Nicht teilnahmslos, glaube ich. – Aber das ist nichts. Eine unglückliche Jugend, eine Wunde von eines geliebten Freundes Hand und ein Verlust, den nichts ersetzen kann, dauern länger als solche Erinnerungen."

„So trage ich einen Kummer und eine Kränkung in mir", sagte der Geist. „So zehre ich an mir selbst. So ist die Erinnerung mein Fluch, und wenn ich meinen Kummer und meine Kränkung vergessen könnte, so würde ich es tun!"

„Spötter!" sagte der Chemiker, indem er aufsprang und mit zorniger Gebärde sein anderes Ich an der Kehle packen wollte. „Warum tönt mir immer dieser Spott in den Ohren!"

„Zurück!" rief das Gespenst mit ernster Stimme. „Wage, Hand an mich zu legen, und du stirbst!"

Er blieb wie vom Blitz gerührt stehen und starrte es an. Es war weiter in den Hintergrund geglitten; es hatte den Arm warnend erhoben, und ein Lächeln flog über sein geisterhaftes Gesicht, als es seine dunkle Gestalt stolz aufrichtete.

„Könnte ich meinen Kummer und meine Kränkung vergessen, ich täte es", wiederholte der Geist.

„Böser Geist meines Ichs", erwiderte der Verwünschte mit leiser, zitternder Stimme, „mein Leben wird verdüstert durch diese unaufhörliche Mahnung."

„Sie ist nur ein Widerhall", sagte das Gespenst.

„Wenn es nur ein Widerhall meiner Gedanken ist, wie ich jetzt einsehe", entgegnete der Verwünschte, „warum werde ich deswegen so gepeinigt? Es ist kein selbstsüchtiger Gedanke. Ich will die Wohltat auch andern zukommen lassen. Jedes Menschenwesen hat seinen Kummer, viele haben Kränkungen zu erleiden gehabt; Undankbarkeit, kleinlicher Neid und Eigennutz verbittern das Leben bei hoch und niedrig. Wer möchte nicht seinen Kummer und seine Kränkungen vergessen!"

„Sehr wahr", sagte das Gespenst, „wer möchte das nicht und würde dann besser und glücklicher dadurch sein!"

„Woran erinnern diese Jahreswechsel, die wir feiern?" fuhr Redlaw fort. „Gibt es denn Menschen, die sich nicht an Kummer und Sorgen zu erinnern brauchen? Was ist die Erinnerung des Alten, der vorhin hier war? Ein Gewebe von Kummer und Sorgen."

„Aber gewöhnliche Naturen", sagte das Gespenst mit seinem früheren tückischen Lächeln, „Ungebildete und Alltagsmenschen fühlen oder denken über diese Dinge nicht so wie Männer von höherer Bildung und tieferem Denken."

„Versucher", entgegnete Redlaw, „dessen hohles Auge und tiefe Stimme ich mehr fürchte, als Worte sagen können, und bei dessen Anblick mich die dunkle Ahnung einer noch größeren Furcht beschleicht, ich höre abermals ein Echo.

„Nimm es hin als einen Beweis meiner Macht", gab das Gespenst zur Antwort. „Vernimm, was ich dir biete! Vergiß den Kummer, die Kränkung und die Sorgen, die du gekannt hast!"

33

„Sie vergessen?" wiederholte er.

„Ich besitze die Macht, die Erinnerungen an sie zu verwischen, so daß nur noch eine sehr schwache, dunkle Spur zurückbleibt, die bald ganz verschwindet", sagte das Gespenst. „Soll ich es tun?"

„Halt!" rief der Verwünschte mit einer erschreckten Bewegung. „Mißtrauen und Zweifel lassen mich bei deinem Anblick erheben; und die ahnungsvolle Furcht, die ich dir gegenüber empfinde, wird zu einem namenlosen Schrecken, den ich kaum ertragen kann. Ich möchte bei unserem Handel nicht um eine einzige freundliche Erinnerung kommen, um kein Mitgefühl, das mir oder andern Gutes bringt. Was verliere ich, wenn ich einwillige? Was würde außerdem meiner Erinnerung entschwinden?"

„Kein Wissen, kein Ergebnis des Forschens; nichts als die eng ineinanderverwobene Kette von Gefühlen und Gedanken, die alle von den vergessenen Erinnerungen genährt werden. Diese werden verschwinden."

„Sind das so viele?" sagte der Verwünschte unruhig.

„Sie zeigten sich in der Flamme, in der Musik, im Wind, in der Stille der Nacht, im Wechsel der Jahre", erwiderte das Gespenst höhnisch.

„In weiter nichts?"

Das Gespenst schwieg.

Aber nachdem es eine Weile schweigend vor ihm gestanden hatte, bewegte es sich zum Feuer hin und blieb wieder stehen.

„Entschließe dich!" sprach es, „oder die Gelegenheit schwindet."

„Einen Augenblick! Ich rufe den Himmel zum Zeugen an", sagte der andere aufgeregt, „daß ich nie mei-

34

nesgleichen gehaßt habe, daß ich nie gegen jemand in meiner Umgebung mürrisch, gleichgültig oder hart gewesen bin. Wenn ich hier in meiner Einsamkeit zuviel auf das gegeben habe, was war und was hätte sein können, und zu wenig auf das, was ist, so habe ich bloß mir geschadet, glaube ich, und nicht andern. Aber wenn Gift in meinem Körper wäre, sollte ich dann nicht, wenn ich Gegengift und die Kenntnis, es zu verwenden, besitze, davon Gebrauch machen? Wenn Gift in meiner Seele ist und ich kann es durch diesen schrecklichen Schatten heraustreiben, soll ich es dann nicht austreiben?"

„Sprich", sagte das Gespenst. „Soll es geschehen?"

„Noch einen Augenblick", erwiderte er. *„Ich möchte vergessen, wenn ich könnte!* Habe ich allein das gedacht oder haben es schon Tausende und aber Tausende, Geschlecht nach Geschlecht, getan? Die Erinnerung jedes Menschen ist belastet mit Kummer und Sorge. Mein Gedächtnis ist wie das Gedächtnis anderer Menschen; aber andere hatten diese Wahl nicht. Ja, ich bin bereit! Ja, ich will meinen Kummer und meine Sorgen vergessen."

„Sprich", sagte das Gespenst. „Ist es geschehen?"

„Ja!"

„Es ist geschehen. Und jetzt, Mann, von dem ich mich hiermit lossage, nimm das mit dir. Die Gabe, die ich dir verliehen habe, sollst du weitergeben, überall, wo du hinkommst. Ohne die Fähigkeit wiederzugewinnen, die du aufgegeben hast, sollst du sie hinfort bei allen vernichten, denen du nahst. Deine Weisheit hat entdeckt, daß die Erinnerung an Kummer und Sorgen das Los aller Menschen ist und daß die Menschheit glückli-

cher sein würde ohne diese Erinnerungen. Geh, sei der Wohltäter der Menschheit! Befreit von dieser Erinnerung, sollst du den Segen dieser Befreiung auf andere übertragen. Seine Verbreitung ist unzertrennlich von dir. Geh! Sei glücklich in dem Guten, das du gewonnen hast, und in dem Guten, das du tust!"

Das Gespenst, das seine blutleere Hand über seinem Kopf gehalten wie zu einem unheiligen Zauber und das seine Augen denen des Chemikers so sehr genähert hatte, daß er sehen konnte, wie sie nicht teilnahmen an dem gräßlichen Lächeln auf seinem Gesicht, sondern ein starres, unwandelbares Entsetzen waren, zerging vor ihm in Luft und war verschwunden.

Als er noch von Zagen und Staunen gefesselt dastand und in klagenden Echos, die immer schwächer und schwächer verhallten, die Worte zu vernehmen glaubte: „Vernichte sie bei allen, denen du nah bist", traf ein gellender Schrei sein Ohr. Er kam nicht aus dem Gang, auf den die Tür ging, sondern aus einem andern Teil des Gebäudes und klang wie der Ruf eines Menschen, der im Dunkeln den Weg verloren hat.

Er blickte verwirrt an sich hinab, als wollte er sich erst versichern, daß er es sei, und antwortete dann mit einem lauten, verstörten Ruf; denn ihn hielt ein dumpfes Bangen umstrickt, als ob er sich ebenfalls verirrt habe.

Da jetzt der Ruf aus nächster Nähe ertönte, ergriff er die Lampe und schob einen schweren Vorhang an der Wand zurück. Hinter ihm war der Zugang zu seinem Hörsaal, der sich neben seinem Zimmer befand. Sonst von Jugend und Leben und einer dichtgedrängten Reihe von Gesichtern erfüllt, auf denen sein Erscheinen im Augenblick lernbegieriges Interesse hervorrief, war es ein unheimlicher Ort, wenn alles leer war.

„Holla!" rief er. „Holla! Hierher! Hier zum Licht!"
Da, als er den Vorhang mit der einen Hand beiseite
schob und mit der andern die Lampe hob und das den
Saal erfüllende Dunkel zu durchdringen versuchte,
schoß etwas an ihm vorüber, wie eine wilde Katze, und
krümmte sich in einer Ecke zusammen.

„Wer ist das?" sagte er hastig.

Er hätte auch fragen können: „Was ist das?" wenn
er es hätte besser sehen können, wie es gleich darauf
der Fall war.

Ein Bündel Lumpen, zusammengehalten von einer Hand — nach Gestalt und Form die eines Kindes,
aber in ihrem gierigen, krampfhaften Zugreifen die eines bösen alten Mannes. Ein Gesicht von einem halben
Dutzend Jahren gerundet und geglättet, aber zusam-
mengekniffen und verzerrt durch die Erfahrungen eines
langen Lebens. Die Augen glänzend, aber nicht jugendlich. Nackte Füße, schön in ihrer kindlichen Zart-
heit — häßlich durch das Blut und den Schmutz, die
sie befleckten. Ein kleiner Wilder, ein junges Ungeheu-
er, ein Kind, das nie ein Kind gewesen, ein Geschöpf,
das später die äußere Gestalt eines Menschen anneh-
men konnte, aber innerlich nur als Tier leben und sterben mußte.

Schon gewohnt, wie ein Tier gequält und gehetzt
zu werden, duckte sich der Junge, als ihn der Chemiker
ansah, gab den Blick zurück und hielt den Arm vor, wie
um den erwarteten Schlag abzuwehren.

„Ich beiße, wenn du mich schlägst", sagte er.

Es gab eine Zeit, und noch vor wenigen Minuten
gab es sie, wo dem Chemiker bei einem solchen Anblick das Herz geblutet hätte. Jetzt sah er teilnahmslos
zu und fragte den Jungen mit angestrengtem Bemü-

37

hen, sich an etwas zu erinnern — er wußte nicht recht was — , was er hier wolle und woher er komme.

„Wo ist die Frau?" antwortete er. „Ich will zu der Frau."

„Zu welcher Frau?"

„Zu der Frau, die mich hergebracht und an das große Feuer gesetzt hat. Sie war so lange fort, daß ich sie aufsuchen wollte und mich verirrt habe. Ich will nicht zu dir, ich will zu der Frau."

Der Junge sprang so rasch auf, daß der gedämpfte Schall seiner nackten Füße schon neben dem Vorhang ertönte, als Redlaw ihn noch bei den Lumpen packen konnte.

„Willst du mich gehen lassen?" murrte der Junge. „Ich habe dir nichts getan. Laß mich gehen! Ich will zu der Frau!"

„Das ist nicht der rechte Weg. Hier ist's näher", sagte Redlaw und hielt ihn zurück, mit dem vergeblichen Versuch, sich auf einen Gedanken, den dieses entsetzliche Geschöpf eigentlich erregen sollte, zu erinnern. „Wie heißt du?"

„Gar nicht."

„Wo wohnst du?"

„Wohnen! Was ist das?"

Der Junge schüttelte sich das Haar aus den Augen, um einen raschen Blick auf ihn zu werfen. Dann umklammerte er seine Beine und versuchte sich loszureißen, während er wiederholte: „Laß mich doch gehen! Ich will zu der Frau."

Der Chemiker führte ihn zur Tür. „Hier hinaus", sagte er und sah ihn immer noch verwirrt, aber mit kaltem Widerwillen an. „Ich will dich zu ihr führen."

39

Die Falkenaugen des Jungen fielen plötzlich auf den Tisch, wo die Überreste der Mahlzeit standen.

„Gib mir was davon", sagte er hungrig.

„Hat sie dir noch nichts zu essen gegeben?"

„Morgen bin ich doch wieder hungrig. Hungere ich nicht jeden Tag?"

Der Chemiker ließ ihn los, und der Junge sprang wie ein kleines Raubtier zum Tisch, drückte Brot und Fleisch und seine eigenen Lumpen in einem Bündel an die Brust und rief dann:

„So! Jetzt bring mich zu der Frau!"

Als der Chemiker mit einem plötzlichen Widerwillen, den Jungen zu berühren, ihm mit strenger Miene zu folgen winkte und über die Schwelle schritt, befiel ihn ein Zittern und er blieb stehen.

„Die Gabe, die ich dir verliehen habe, sollst du weitergeben, überall, wo du hinkommst!"

Die Worte des Gespenstes rauschten im Wind, und der Wind wehte ihn kalt an.

„Ich will heute abend nicht hingehen", sagte er leise vor sich hin. „Ich will heute abend nirgends hingehen. Junge! diesen langen gewölbten Gang hinab und an der großen dunklen Tür vorbei in den Hof — dann siehst du das Feuer im Fenster schimmern."

„Das Feuer der Frau?" fragte der Junge.

Er nickte, und die bloßen Füße sprangen fort. Dann trat er mit der Lampe wieder ins Zimmer, verschloß die Tür hastig hinter sich, setzte sich in seinen Stuhl und schlug die Hände vor seinem Gesicht zusammen, wie einer, der sich vor sich selbst fürchtet.

Denn jetzt war er wirklich allein! Allein! Allein!

40

Zweites Kapitel

Die Verbreitung der Gabe

Ein kleiner Mann saß in einem kleinen Zimmerchen, das durch einen kleinen, über und über mit kleinen Zeitungsausschnitten beklebten Schirm von einem kleinen Laden abgeteilt war. Außer dem kleinen Mann befand sich noch eine Menge kleiner Kinder in dem Zimmer, und in dem sehr beschränkten Raum machten sie durch ihre Anzahl einen so imponierenden Eindruck, daß es schien, als wären sie nicht zu zählen.

Zwei von dieser kleinen Schar waren durch irgendeine überlegene Kraft in ein in der Ecke stehendes Bett gebracht worden. Dort hätten sie ruhig den Schlummer der Unschuld schlafen können, wenn sie nicht eine angeborene Neigung, wach zu bleiben und sich aus dem Bett und wieder hinein zu wälzen, davon abgehalten hätte. Die unmittelbare Veranlassung dieser Einbrüche in die noch wache Welt war eine Mauer aus Muschelschalen, an deren Aufbau zwei andere Jünglinge von zartem Alter in einer Ecke emsig arbeiteten. Auf diese Befestigung machten die beiden im Bett beständig Angriffe und zogen sich dann auf ihr eigenes Gebiet zurück.

Neben der Aufregung, die diese Überfälle und die Vergeltungsmaßnahmen der Angegriffenen verursachten, die hitzig verfolgten und sich auf die Bettücher stürzten, unter die sich die Räuber flüchteten, trug noch ein anderer kleiner Junge, in einem zweiten kleinen Bett, ebenfalls sein Scherflein Verwirrung zu dem Familienvorrat bei. Er warf seine Schuhe und andere, harte Gegenstände nah den Störern seiner Ruhe, die nicht faul waren, diese zurückzuwerfen.

Außer diesen wankte noch ein anderer kleiner Junge — der größte unter allen, aber immer noch klein — hin und her. Er beugte sich stark auf eine Seite und seine Knie knickten nicht wenig ein unter der Last eines großen Wickelkindes.

Es war ein wahrer Moloch von Wickelkind, auf dessen unersättlichem Altar das ganze Dasein dieses jungen Bruders täglich zum Opfer gebracht wurde. Sein hauptsächlicher Charakterzug war, nie an einem Ort fünf Minuten hintereinander ruhig zu bleiben und nie einzuschlafen, wenn es gewünscht wurde. „Tetterbys Wickelkind" war bei der Nachbarschaft so bekannt wie der Briefträger. Von Montag früh bis Sonnabend abends streifte es auf dem Arm des kleinen Johnny Tetterby von Tür zu Tür, schloß als schwerfälliger Nachzügler den Zug der Straßenjugend, die dem Taschenspieler oder dem Affen folgte, und kam, stets auf eine Seite gelehnt, immer ein klein wenig zu spät, um noch etwas zu sehen. Wo sich die Jugend zum Spielen sammelte und Johnny gern geblieben wäre, da war der kleine Moloch widerspenstig und wollte fort. Wenn Johnny auf die Straße wollte, da schlief Moloch und es mußte gewartet werden.

Der kleine Mann in dem kleinen Zimmer, der vergeblich Versuche machte, inmitten dieses Tumults ruhig seine Zeitung zu lesen, war der Vater der Familie und der Chef der Firma: „A. Tetterby und Ko., Zeitschriftenhandlung." Genau genommen war er allein unter dieser Firma zu verstehen, denn Ko. war eine bloße poetische Fiktion, hinter der keinerlei Wirklichkeit und keine Persönlichkeit stand.

Tetterbys Laden befand sich an der Ecke des Jerusalemkollegs. Ein reicher Vorrat an Literatur war im Fenster ausgestellt, meistens alte illustrierte Zeitungen und Geschichten von Seeräubern und Wegelagerern in Heften. Spazierstöcke und Murmeln gehörten gleichfalls zu den Handelsartikeln. Früher hatte sich das Geschäft auch auf kleines Zuckerzeug erstreckt; aber wie es schien, bestand in der Nachbarschaft des Jerusalemkollegs keine Nachfrage nach diesen Genüssen. Denn im Fenster war keine Spur von derartigen Waren zu sehen als eine kleine Glaslaterne voll Bonbons, die so lange im Sommer geschmolzen und im Winter wiederzusammengefroren waren, bis alle Hoffnung dahin war, sie herauszubekommen oder zu essen, ohne die Laterne mit zu verzehren. Tetterby hatte es mit vielerlei Dingen versucht. Er hatte es ein wenig mit Spielsachen probiert; denn in einer zweiten Laterne befand sich noch ein Haufen kleiner Wachspüppchen, die in der greulichsten Verwirrung aneinanderklebten, und auf dem Boden der Laterne sah man einen Niederschlag von zerbrochenen Armen und Beinen. Er hatte auch einen Versuch mit Modeartikeln gemacht, wovon ein paar alte verschossene Sommerhüte in einer Ecke des Fensters Zeugnis ablegten. Er hatte ebenfalls geglaubt, es lasse sich etwas im Tabakhandel verdienen. Aber er schien sich nichts damit erworben zu haben als Fliegen. Zu einer anderen Zeit hatte er seine letzte Hoffnung dann wieder auf imitierte Schmucksachen gesetzt, denn hinter einer Glasscheibe sah man eine Karte mit billigen Petschaften, eine andere mit Bleistiften und ein geheimnisvolles schwarzes Amulett von unerklärlicher Bestimmung, das mit neun Pence ausgezeichnet war. Aber bis zu dieser Stunde hatte keiner aus dem Jerusalemkolleg davon gekauft. Kurz, Tetterby hatte sich solche Mühen gegeben, auf diese oder jene Weise im Kolleg seinen Lebensunterhalt zu verdienen, und es war ihm so wenig gelungen, daß sich von der ganzen Firma „Ko." am besten stand.

Tetterby selbst aber saß, wie schon berichtet, in seinem kleinen Zimmer, und die jugendlichen Mitglieder seiner Familie machten ihr Vorhandensein in einer Weise bemerkbar, die zu laut war, um nicht beachtet zu werden oder sich mit der ruhigen Lektüre einer Zeitung

44

zu vertragen. Er legte deshalb das Blatt hin und ging in seiner Ratlosigkeit ein paarmal im Zimmer herum. Darauf unternahm er einen vergeblichen Angriff auf ein oder zwei kleine Gestalten in Nachtjäckchen, die an ihm vorüberschossen, und stürzte sich zuletzt auf das einzige Mitglied der Familie, das nicht gesündigt hatte, indem er dem Wärter des kleinen Moloch eins hinter die Ohren gab.

„Du böser Junge!" sagte Mr. Tetterby, „hast du gar kein Gefühl für deinen armen Vater nach den Mühen und Sorgen eines kalten Wintertags seit fünf Uhr morgens, daß du mir mit deinen dummen Streichen meine Ruhe störst und meine Zeitungslektüre verdirbst? Ist es noch nicht genug, daß dein Bruder Dolphus sich herumplagt in Nebel und Kälte, während du im Überfluß schwimmst, mit einem Wickelkind und allem, was du wünschen kannst", sagte Mr. Tetterby, indem er das als einen Gipfelpunkt aller Segnungen anführte, „sondern mußt du auch aus dem Vaterhaus eine Wildnis und aus deinen Eltern Wahnsinnige machen? Mußt du das, Johnny? Na?"

Bei jeder Frage tat Mr. Tetterby, als wollte er ihm wieder eins hinter die Ohren geben, aber er besann sich anders und hielt seine Hand zurück.

„Ach Vater", sagte Johnny mit weinerlicher Stimme, „ich habe doch gar nichts getan, wirklich nichts, sondern habe bloß Sally in den Schlaf gewiegt. Ach Vater!"

„Ich wollte, mein kleines Frauchen käme nach Hause!" sagte Mr. Tetterby, in eine milde, reuevolle Stimmung übergehend, „ich wollte, mein kleines Frauchen käme nach Hause! Ich kann mit den Kindern nicht fertig werden."

Und er wurde immer gerührter, je mehr sich seine und seines beleidigten Sohnes zarte Gefühle Luft machten, umarmte ihn zuletzt und machte sich auf den Weg, um einen der wirklichen Delinquenten einzufangen. Nach einer kurzen, aber heißen Jagd in schwierigem Terrain über und unter den Bettstellen und durch das Labyrinth der Stühle hindurch gelang es ihm, das Kind einzuholen, das er darauf zu Bett trug. Alsbald fand sich Mr. Tetterby, als er stehenblieb, um Atem zu schöpfen, ganz unerwartet in einer vollkommenen ruhigen Umgebung.

„Selbst mein kleines Frauchen hätte es nicht besser machen können", sagte Mr. Tetterby. „Ich wollte nur, mein kleines Frauchen hätte es zu machen gehabt, wahrhaftig!"

Er setzte sich wieder auf seinen Stuhl neben dem Feuer, legte die Beine übereinander und nahm abermals die Zeitung vor.

„Es soll mir nur einer wagen, wieder aus dem Bett zu kommen", machte Mr. Tetterby als allgemeine Proklamation im sehr weichherzigem Ton bekannt, „und Erstaunen soll das Los dieses geachteten Zeitgenossen sein!"

Mrs. Tetterby, die einkaufen gewesen war und einen großen Korb trug, legte Hut und Tuch ab, setzte sich ermüdet hin und befahl Johnny, seine süße Last sogleich zu ihr zum Küssen zu bringen. Nachdem Johnny gehorcht hatte und wieder zu seinem Stühlchen zurückgekehrt war, erbat sich Master Adolphus Tetterby, der unterdessen seinen Torso aus einem allem Anschein nach endlosen regenbogenfarbenen Schal herausgewickelt hatte, dieselbe Gunst. Johnny war wieder zu seinem Stühlchen zurückgekehrt, als Mr. Tetterby, von einem plötzlichen Gedanken erfaßt, als Vater denselben Anspruch erhob. Die Befriedigung dieses dritten Verlangens hatte die Erschöpfung des Opfers zur Folge, das kaum Atem genug fand, um wieder zu seinem Stühlchen zurückzukehren und seine Verwandten anzukeuchen.

„Was du immer tun magst, Johnny", sagte Mrs. Tetterby, „gib auf sie acht oder komm mir nie wieder vor Augen."

„Und auch deinem Bruder nicht", sagte Adophus.

„Und auch deinem Vater nicht, Johnny", fügte Mr. Tetterby hinzu.

Johnny, sehr betrübt über diese bedingungsweise ausgesprochene Lossagung, guckte Moloch in die Augen, um zu sehen, ob alles in Ordnung sei, klopfte das Kind auf den Rücken und schaukelte es.

„Bist du naß, Dolphus, mein Junge?" fragte der Vater. „Komm, setz dich auf meinen Stuhl und trockne dich."

„Nein, Vater, danke", sagte Adolphus, mit den Händen über das Gesicht fahrend. „Ich bin nicht sehr naß, glaube ich. Glänzt mein Gesicht sehr, Vater?"

„Nun, es glänzt ein bißchen, mein Sohn", erwiderte Mr. Tetterby.

„Das ist das Wetter, Vater", sagte Adolphus, sich die Wangen mit dem abgetragenen Rockärmel reibend. „Durch den Regen und den Wind und den Schnee und den Nebel wird mein Gesicht manchmal ganz rot und glänzt dann — ah!"

Master Adolphus war auch in der Zeitungsbranche — er verkaufte am Bahnhof Zeitungen. Seine pausbäkkige kleine Person, die einem schäbig maskierten Amor glich, und seine gellende Kinderstimme (er war nicht äl-

47

ter als zehn) waren dort ebenso bekannt wie das heisere Fauchen der ein- und auslaufenden Lokomotiven.

Mrs. Tetterby, seine Mutter, die bis jetzt auf dem Stuhl gesessen und nachdenklich den Trauring am Finger gedreht hatte, stand auf, legte ihre Überkleider vollends ab und fing an, den Tisch zu decken.

„Ach Gott! Ach Gott! Ach Gott! sagte Mrs. Tetterby. „Wie es in der Welt zugeht!"

„Wie geht es in der Welt zu, liebe Frau?" fragte Mr. Tetterby, über die Achsel blickend.

„Ach, nichts!" sagte Mrs. Tetterby.

Mr. Tetterby zog die Brauen in die Höhe, legte seine Zeitung von neuem zusammen und ließ seinen Blick die Spalten auf und ab laufen. Er war aber zerstreut und konnte nicht lesen.

Mr. Tetterby sah sein Ehegespons an und sagte mit mildem Erstaunen:

„Mein kleines Frauchen, was fehlt dir?"

„Ich weiß es nicht", erwiderte sie. „Frag mich nicht! Wer hat gesagt, daß mir etwas fehlt? Ich gewiß nicht!"

Mr. Tetterby gab die Lektüre seiner Zeitung endgültig auf, ging langsam einmal die Stube auf und ab, die Hände auf dem Rücken und die Schultern emporgezogen — sein Gang entsprach vollkommen seiner resignierten Weise —, und sprach zu seinen beiden ältesten Söhnen:

„Dein Abendessen wird in einer Minute fertig sein, Dolphus. Deine Mutter ist in dem schlechten Wetter zur Garküche gelaufen, um es zu holen. Das war sehr nett von deiner Mutter. Auch du wirst bald dein Abendbrot bekommen, Johnny, sehr bald! Deine Mutter ist zufrieden mit dir, weil du auf dein liebes Schwesterchen so gut acht gibst."

48

Ohne etwas zu sagen, vollendete Mrs. Tetterby ihre Vorbereitungen und holte aus ihrem großen Korb ein großes Stück warmen Erbsenpudding hervor, das in Papier eingeschlagen war; außerdem eine mit einem Teller zugedeckte Schüssel, aus der nach der Entfernung des Tellers ein so angenehmer Duft emporstieg, daß die drei Paar Augen in den Betten sich weit auftaten und auf das festliche Mahl starrten.

Ohne die stumme Einladung, Platz zu nehmen, zu beachten, blieb Mr. Tetterby stehen und wiederholte langsam: „Ja, ja, dein Abendessen wird gleich fertig sein, Dolphus. Deine Mutter ist in dem schlechten Wetter zur Garküche gelaufen, um es zu holen. Das war sehr lieb von deiner Mutter –" bis Mrs. Tetterby, die hinter seinem Rücken verschiedene Anzeichen der Zerknirschung von sich gegeben hatte, ihm plötzlich um den Hals fiel und weinte.

„Ach, Dolphus", sagte Mrs. Tetterby, „wie habe ich nur so sein können!"

Diese Aussöhnung rührte Adolphus den Jüngeren und Johnny dermaßen, daß beide wie auf ein Zeichen ein lautes Klagegeschrei anstimmten. Die Folge davon war, daß die runden Augen in den Betten sich im Augenblick schlossen und die beiden andern kleinen Tetterbys, die eben aus der anstoßenden Kammer hereinschlichen, um zu sehen, was mit Essen los sei, eiligst den Rückzug antraten.

„Wahrhaftig, Dolphus", schluchzte Mrs. Tetterby, „als ich nach Hause kam, dachte ich nicht mehr daran als das Wickelkind", sagte Mrs. Tetterby. – „Johnny, sieh nicht nach mir, sondern nach dem Kind; sonst rutscht es dir aus dem Schoß. – Ich dachte ebensowenig daran wie unser kleiner Liebling, schlechter Laune zu sein, als ich nach Hause kam; aber ich weiß nicht, Dolphus – " Mrs. Tetterby stockte und drehte wieder den Trauring an ihrem Finger.

„Ich verstehe, ich verstehe", sagte Mr. Tetterby. „Meinem Frauchen war etwas in die Quere gekommen. Schlimme Zeiten und schlimmes Wetter und schlimme Arbeit machen das Leben manchmal schwer genug. Ich verstehe! Dolf", fuhr Mr. Tetterby fort und fischte mit der Gabel in der Schüssel, „da hat deine Mutter in der Garküche außer dem Erbsenpudding ein ganzes Schinkenbein gekauft mit einem tüchtigen Stück übriggebliebener brauner Kruste darauf und Soße und Senf dazu in unerschöpflicher Menge. – Gib den Teller her, Junge, und iß, solange es noch warm ist."

Ohne sich zum zweiten Mal auffordern zu lassen, nahm Master Adolphus mit Augen, die vor Appetit ganz feucht waren, seinen Teil in Empfang und zog sich dann auf seinen Stuhl zurück, wo er sich mit großem Eifer über sein Essen hermachte. Johnny wurde nicht vergessen, sondern erhielt seinen Teil aufs Brot, damit er nichts auf das Wickelkind tropfe.

Mrs. Tetterby schmeckte das Essen nicht; es schien ihr etwas auf dem Herzen zu liegen. Erst lachte sie und dann weinte sie, und dann lachte und weinte sie zugleich auf eine so sonderbare Weise, daß ihr Mann nicht wußte, was er davon halten sollte.

„Frauchen", sagte Mr. Tetterby, „wenn es in der Welt so zugeht, so geht es nicht mit rechten Dingen zu."

„Gib mir ein Glas Wasser", sagte Mrs. Tetterby, indem sie sich zu beherrschen suchte, „und sprich jetzt nicht mit mir."

Nachdem Mr. Tetterby ihr das Wasser gereicht hatte, wandte er sich plötzlich zu dem unglücklichen

Johnny, der vor Teilnahme überfloß, und fragte ihn, warum er auf seinem Stuhl in Faulheit schwelge, anstatt mit dem Wickelkind vorzutreten, damit sein Anblick das Herz seiner Mutter erfreue? Johnny gehorchte sofort, fast niedergedrückt von der Last; aber da Mrs. Tetterby ihre Hand abwehrend ausstreckte zum Zeichen, daß sie nicht imstande sei, ihr Gefühl auf diese harte Probe stellen zu lassen, so verbot ihm der Vater, nur einen Zoll weiterzugehen, bei Strafe ewigen Hasses von allen seinen teuren Angehörigen; und so zog er sich mit seiner Last wieder zu seinem Stühlchen zurück.

Nach einer Pause sagte Mrs. Tetterby, es sei ihr jetzt besser, und fing an zu lachen.

„Mein Frauchen", sagte ihr Mann kopfschüttelnd, „weißt du auch ganz gewiß, daß dir besser ist? Oder soll's vielleicht anders wieder losgehen, Sophia?"

„Nein, Dolphus, nein", erwiderte seine Frau. „Es ist mir jetzt wieder ganz gut."

Damit strich sie sich das Haar glatt, drückte die Hände vor die Augen und fing abermals an zu lachen.

„Was ich für eine böse Närrin war, nur einen Augenblick lang auf solche Gedanken zu kommen!" sagte Mrs. Tetterby. „Rücke näher, Dolphus, ich muß dir mein Herz ausschütten und erzählen, was ich gedacht habe. Ich will dir alles sagen."

Mr. Tetterby rückte seinen Stuhl näher heran, Mrs. Tetterby lachte wieder, gab ihm einen Kuß und wischte sich die Augen.

„Du weißt, Männchen", sagte Mrs. Tetterby, „als ich noch ledig war, hätte ich verschiedene Männer heiraten können. Zu einer Zeit hatte ich vier Bewerber auf einmal; darunter waren die beiden Sergeanten — weißt du?"

52

„Ja, ja", sagte Mr. Tetterby.

„Nun sieh, Dolphus, ich denke jetzt gewiß nicht an solche Dinge, um mein Los hier zu beklagen; und ich weiß, daß ich einen so guten Ehemann bekommen habe und so viel tun würde, um zu beweisen, daß ich ihn lieb habe, wie — "

„Wie jedes kleine Frauchen auf der Welt", sagte Mr. Tetterby. „Sehr gut, sehr gut."

Wenn Mr. Tetterby zehn Fuß groß gewesen wäre, so hätte er keine zartere Rücksichtsnahme auf Mrs. Tetterbys Elfengestalt an den Tag legen können; und wäre Mrs. Tetterby zwei Fuß groß gewesen, so hätte sie ihren Dank dafür nicht mehr zeigen können.

„Aber siehst du", sagte Mrs. Tetterby, „da jetzt Weihnachten ist, wo alle, die es tun können, feiern und alle, die Geld haben, etwas ausgeben, wurde ich, ich weiß nicht wie, ein bißchen übellaunig. Auf der Straße draußen gab es so viel zu kaufen, so schöne Sachen zum Essen, so köstliche Dinge zu schauen und so herrliche Sachen zu haben — und ich hatte so viel zu rechnen und zu rechnen, ehe ich nur ein Sixpencestück für die allergewöhnlichste Sache ausgeben durfte; und der Korb war so groß, und es war so viel Platz darin, und mein Geldvorrat war so klein und reichte für so wenig — du findest das abscheulich, Dolphus, nicht?"

„Noch nicht", sagte Mr. Tetterby.

„Nun, ich will dir alles sagen", fuhr seine Frau reumütig fort, „und dann gibst du es vielleicht zu. So sehr fühlte ich das, als ich draußen in der Kälte herumlief und eine Menge anderer berechnender Gesichter mit großen Körben herumlaufen sah, daß ich anfing zu denken, ob ich nicht besser getan hätte und glücklicher gewesen wäre, wenn — wenn — " der Trauring wurde

53

wieder um den Finger gedreht und Mrs. Tetterby schüttelte dabei das gesenkte Haupt.

„Ich verstehe", sagte ihr Mann ruhig; „wenn du gar nicht oder einen andern geheiratet hättest!"

„Ja", schluchzte Mrs. Tetterby. „Das habe ich wirklich gedacht. Ist das nicht abscheulich, Dolphus?"

„Hm — nein, ich finde das noch nicht", sagte Mr. Tetterby.

Mrs. Tetterby gab ihm einen dankbaren Kuß und sprach weiter:

„Ich hoffe jetzt fast, du wirst es auch hernach nicht sagen, Dolphus, obwohl ich fürchte, ich habe das Schlimmste noch nicht erzählt. Ich weiß nicht, was auf einmal über mich kam. Ich weiß nicht, ob ich krank war oder verrückt oder sonst was; aber ich konnte mich an nichts erinnern, was uns aneinanderknüpfte oder was mich mit meinem Schicksal aussöhnen konnte. Alle Freuden und Genüsse, die wir je gehabt, erschienen mir so armselig und unbedeutend, daß ich sie ordentlich haßte. Ich konnte an weiter nichts denken als an unsere Armut und die vielen Mäuler, die zu Hause auf mich warten."

„Das ist freilich wahr", sagte Mr. Tetterby und drückte ihr ermutigend die Hand. „Wir sind arm und haben viele Mäuler im Haus zu stopfen."

„Ach aber, Dolf, Dolf", rief die Frau, „mein lieber, guter, geduldiger Mann, als ich nur ein paar Minuten zu Hause war — wie anders! Ach, lieber Dolf, wie anders war es da! Es war mir, als ob ein ganzer Strom von Erinnerungen über mich käme, der mein hartes Herz erweichte und es zum Überfließen anfüllte. Alle unsere Mühen ums liebe Brot, alle unsere Sorgen und Entbehrungen, seitdem wir verheiratet sind, alle Tage der

Krankheit, alle die Stunden, die wir beieinander oder bei den Kindern durchwacht, schienen zu mir zu reden und zu sagen, daß ich nie etwas anderes hätte sein können und wollen als die Ehefrau und die Mutter, die ich jetzt bin. Und da wurden die kleinen Freuden, die ich vorhin so sehr verachtet hatte, mir so kostbar, ach, so unendlich wertvolll, daß ich den Gedanken nicht ertragen konnte, wie ich sie verschmäht hatte; und ich sagte und sage es noch hundertmal: Wie konnte ich nur so sein, Dolphus, wie konnte ich das Herz dazu haben?"

Die gute Frau, ganz außer sich vor aufrichtiger Liebe und Reue, ließ ihren Tränen freien Lauf, als sie plötzlich mit einem Schrei aufsprang und hinter ihrem Gatten Schutz suchte. So angstvoll war der Schrei, daß die Kinder aus ihrem Schlummer emporfuhren, aus den Betten stürzten und sich an sie klammerten. Auch entsprach ihr Aussehen ihrer Stimme, als sie auf einen blassen Mann in schwarzem Mantel deutete, der ins Zimmer getreten war.

"Sieh diesen Mann da! Schau doch! Was will er?"

"Liebe Frau", erwiderte ihr Gatte, "ich will ihn fragen, wenn du mich losläßt. Was gibt's? Wie du zitterst!"

"Ich begegnete ihm auf der Straße, als ich zur Garküche ging. Er sah mich an und stand neben mir. Ich fürchte mich vor ihm."

"Du fürchtest dich vor ihm? Warum?"

Ihr Mann, der anfangs von ihrem Schrecken nicht ganz unberührt geblieben war und auf den die seltsame Art, wie sie sich jetzt benahm, nicht gerade beruhigend wirken konnte, redete den bleichen Gast im schwarzen Mantel, der an der Tür stehengeblieben war, an.

"Was wünschen Sie, Sir?" fragte er.

"Ich fürchte, mein unbemerktes Hereintreten hat

Sie erschreckt", erwiderte jener; „aber Sie sprachen miteinander und hörten mich nicht."

„Mein kleines Frauchen sagte – Sie haben es vielleicht gehört", sagte Mr. Tetterby – „daß dies heute abend nicht das erstemal ist, daß sie von Ihnen erschreckt wird."

„Das tut mir leid. Ich entsinne mich, daß ich sie auf der Straße sah. Ich hatte nicht die Absicht, sie zu erschrecken."

Während er beim Sprechen aufblickte, erhob sie ihre Augen. Merkwürdig war die Angst, die sie vor ihm hatte, und die Angst, mit der er das beobachtete – gespannt und forschend beobachtete.

„Ich heiße Redlaw", sagte er. „Ich wohne in dem alten Kolleg nebenan. Ein junger Gentleman, der dort studiert, wohnt bei Ihnen, nicht wahr?"

„Mr. Denham?" sagte Tetterby.

„Ja."

Es war eine ganz natürliche Gebärde und so unauffällig, daß sie kaum bemerkt wurde; aber ehe er wieder antwortete, strich sich der kleine Mann mit der Hand über die Stirn und ließ rasch seinen Blick durch das Zimmer schweifen, als ob sich ihm eine Veränderung in seiner Atmosphäre bemerkbar mache. Der Chemiker sah ihn mit demselben angsterfüllten Blick an wie vorher seine Frau und trat zurück, während sich die Blässe auf seinem Gesicht vertiefte.

„Der Gentleman wohnt eine Treppe höher", sagte Tetterby. „Seine Wohnung hat einen separaten Eingang; aber da Sie schon einmal hier in der Stube sind, so brauchen Sie nicht erst wieder in die Kälte hinauszugehen, wenn Sie hier die paar Stufen hinaufsteigen wollen", und er zeigte ihm eine Treppe, die unmittelbar in das obere Zimmer führte.

56

„Ja, ich will hinauf zu ihm", sagte der Chemiker. „Können Sie eine Kerze entbehren?"

Die unruhige Spannung, die sich in seinen düsteren Augen ausdrückte, und das unerklärliche Mißtrauen, das darin lauerte, schienen Mr. Tetterby zu beunruhigen. Er schwieg und blieb wie gebannt ein oder zwei Minuten lang auf einem Fleck stehen, die Augen starr auf den Fremden gerichtet.

Endlich sagte er:

„Ich will Ihnen leuchten, Sir, wenn Sie mir folgen wollen."

„Nein", entgegnete der Chemiker, „ich wünsche nicht, daß man mich begleitet oder mich bei ihm anmeldet. Er erwartet mich nicht. Ich will lieber allein gehen. Bitte, geben Sie mir eine Kerze, wenn Sie sie entbehren können."

Indem er dem Zeitungsverkäufer das Licht aus der Hand nahm, berührte er des Mannes Brust. Rasch zog er die Hand zurück, als ob er ihn durch Zufall verletzt hätte (denn er wußte nicht, welcher Teil seines Körpers die neue Kraft besaß oder wie sie sich mitteilte), wandte sich ab und stieg die Treppe hinauf.

Als er die oberste Stufe erreichte, blieb er stehen und sah hinab. Die Frau stand noch auf derselben Stelle und drehte den Trauring um ihren Finger. Der Mann hatte den Kopf auf die Brust sinken lassen und brütete mürrisch vor sich hin. Die Kinder, sich immer noch an ihre Mutter klammernd, blickten schüchtern zu dem Fremden hinauf und drängten sich dichter aneinander, als sie ihn herabschauen sahen.

„Fort!" sagte der Vater barsch. „Ich habe es jetzt satt. Macht, daß ihr zu Bett kommt!"

„Die Stube ist eng genug ohne euch", setzte die Mutter hinzu. „Macht, daß ihr zu Bett kommt!"

Verschüchtert und betrübt zog die ganze Schar davon.

Bleicher noch als vorhin schlich der Chemiker die Treppe hinauf wie ein Dieb, sah hinab auf die plötzlich veränderte Szene und schien sich ebensosehr vor dem Weitergehen wie vor dem Umkehren zu scheuen.

„Was habe ich getan?" sprach er verwirrt vor sich hin. „Was werde ich noch anrichten?"

„Der Wohltäter der Menschheit sein", schien ihm eine Stimme zu erwidern.

Er sah sich um, aber es war nichts da; und da jetzt ein Korridor die kleine Stube unten seinem Blick entzog, setzte er seinen Weg fort, ohne sich weiter umzuschauen.

„Ich bin bloß seit gestern abend in meinem Zimmer geblieben", sprach er vor sich hin, „und doch kommt mir alles so fremd vor. Ich komme mir selbst fremd vor. Mir ist, als ob ich in einem Traum hierhergekommen wäre. Welches Interesse fühle ich für diesen Ort oder für jeden andern, den ich mir ins Gedächtnis zurückrufen kann? Mein Geist ist blind geworden!"

Er stand vor einer Tür, klopfte an und trat auf ein „Herein" ins Zimmer.

„Ist es meine freundliche Wärterin?" sagte die Stimme. „Aber ich brauche nicht erst zu fragen, es kommt niemand sonst her."

Die Stimme klang heiter, obgleich schwach, und lenkte seine Aufmerksamkeit auf einen jungen Mann auf einem Sofa, das, mit der Rückenlehne gegen die Tür gekehrt, vor dem Kamin stand. In einem jämmerlichen kleinen Öfchen, das in den Kamin eingebaut war und zur Erwärmung des Zimmers bei weitem nicht ausreichte, brannte das Feuer, dem er das Gesicht zuwandte.

Der Chemiker sah sich im Zimmer um. Er betrachtete die Bücher des Studenten auf einem Tisch in der Ecke, wo sie und die ausgelöschte Studierlampe, die jetzt beiseitegestellt war, Zeugnis ablegten von den fleißigen Stunden, die seiner Krankheit vorhergegangen waren und sie vielleicht ausgelöst hatten. Er sah auch die Anzeichen früherer Gesundheit und Freiheit, wie die für die Straße bestimmte Kleidung, die an der Wand hing. Die kleinen Miniaturen über dem Kamin und die Abbildung des Vaterhauses weckten die Erinnerung an eine andere und weniger einsame Umgebung, während, als Zeichen seines ehrgeizigen Strebens und vielleicht auch seiner persönlichen Zuneigung, sein (des Beschauers) eingerahmtes Bild an der Wand hing. Es hatte eine Zeit gegeben – gestern noch – , wo nicht ein einziger dieser Gegenstände in ihren entferntesten Beziehungen zu der lebenden Gestalt vor ihm ohne Eindruck auf Redlaw geblieben wäre. Jetzt waren sie ihm bloß Sachen, oder wenn noch eine schwache Erinnerung an frühere Empfindungen in ihm auflebte, so trug sie nur dazu bei, ihn zu verwirren, während er dastand und mit stumpfer Verwunderung um sich blickte.

Der Student zog die schmale Hand, die so lange unberührt blieb, zurück, erhob das Haupt und sah sich um.

„Mr. Redlaw!" rief er aus und fuhr empor.

Redlaw streckte den Arm aus und sagte:

„Kommen Sie nicht näher. Ich will hier Platz nehmen. Bleiben Sie, wo Sie sind!"

Er setzte sich auf einen Stuhl an der Tür, und nachdem er einen Blick auf den Jüngling geworfen hatte, der, die Hand auf die Sofalehne gestützt, dastand, sprach er mit zu Boden gesenkten Augen weiter.

„Ich hörte durch Zufall, durch welchen ist gleichgültig, daß ein Student krank und hilflos sei. Ich erfuhr weiter nichts über ihn, als daß er in dieser Straße wohne. Ich begann meine Erkundigungen in dem ersten Haus der Straße und fand Sie."

„Ich bin krank gewesen, Sir", erwiderte der Student, nicht bloß mit bescheidener Zurückhaltung, sondern mit einer Art ehrfürchtiger Scheu vor ihm, „habe mich aber schon sehr erholt. Ein Fieberanfall hatte mich sehr geschwächt, aber es geht mir schon bedeutend besser. Ich kann nicht sagen, ich wäre hilflos gewesen in meiner Krankheit, sonst vergäße ich die freundliche Hand, die mich niemals verlassen hat."

„Sie sprechen von der Frau des Kastellans", sagte Redlaw.

„Ja!"

Der Student neigte den Kopf, als ob er ihr eine stille Huldigung darbrächte.

Der Chemiker war von einer kalten, eintönigen Apathie beherrscht, die ihn mehr dem Marmorbild auf dem Grab des Mannes, der gestern bei der ersten Erwähnung von des Studenten Krankheit aufgesprungen war, als diesem Manne selbst ähnlich machte. Er sah wieder den Studenten an, der mit der Hand auf der Sofalehne dastand, blickte dann auf den Fußboden und in die Luft, und es war, als ob er Erleuchtung suche für seinen erblindeten Geist.

„Ich erinnerte mich an Ihren Namen", sagte er, „als er mir soeben in der Stube unten genannt wurde; und ich besinne mich auf Ihr Gesicht. Wir sind nur wenig in persönliche Berührung miteinander gekommen?"

„Sehr wenig."

61

„Ich glaube, Sie haben sich mehr als die anderen von mir ferngehalten?"

Der Student verbeugte sich zustimmend.

„Und warum?" sagte der Chemiker, ohne im mindesten Teilnahme zu zeigen, sondern bloß mit einer mürrischen Neugier. „Warum? Wie kommt es, daß Sie mir absichtlich verhehlt haben, daß Sie in dieser Zeit des Jahres, wo alle übrigen verreist sind, hiergeblieben und krank geworden sind? Ich frage, warum das?"

Der Jüngling, der ihn mit wachsender Aufregung angehört hatte, erhob jetzt die zu Boden gesenkten Augen, schlug die Hände zusammen und rief mit bebenden Lippen:

„Mr. Redlaw! Sie haben mich durchschaut. Sie kennen mein Geheimnis!"

„Ihr Geheimnis?" sagte der Chemiker barsch.

„Ja! Ihre von dem Interesse und der Teilnahme, die Sie so vielen Herzen teuer machen, so verschiedene Weise, Ihre veränderte Stimme, das Gezwungene in Ihren Worten und in Ihren Blicken sagen mir, daß Sie mich kennen", entgegnete der Student. „Daß Sie mir es jetzt noch verhehlen wollen, ist mir nur ein neuer Beweis (Gott weiß es, daß ich keinen brauche!) von Ihrer angeborenen Herzensgüte und der Kluft, die zwischen uns ist."

Ein verächtliches Lachen war seine einzige Antwort.

„Aber, Mr. Redlaw", sagte der Student, „als ein gerechter und guter Mann bedenken Sie, wie wenig Teil ich habe, außer im Namen und in der Abkunft, an dem Unrecht, das Ihnen zugefügt worden ist, oder an dem Schmerz, den sie getragen."

„Schmerz!" sagte Redlaw lachend. „Unrecht! Was sind sie mir?"

„Um Himmelswillen", bat der Student schüchtern, „lassen Sie sich von ein paar Worten, die Sie mit mir wechseln, nicht noch mehr verändern, Sir! Lassen Sie mich wieder verschwinden aus Ihrem Gedächtnis. Lassen Sie mich meinen alten entfernten Platz unter denen, die Sie unterrichten, wieder einnehmen. Kennen sie mich wieder bloß unter dem Namen, den ich annahm, und nicht als Longford – "

„Longford!" rief der andere aus.

„Er fuhr sich mit beiden Händen an die Stirn und wandte dem Jüngling einen Augenblick lang sein altes geistvolles und nachdenkliches Gesicht zu. Aber das Licht verschwand wie ein flüchtiger Sonnenstrahl, und das Gesicht umwölkte sich wieder wie früher.

„Der Name, den meine Mutter führt, Sir!" sagte der Jüngling mit stockender Stimme; „der Name, den sie wählte, als sie vielleicht einen geehrteren hätte erhalten können. Mr. Redlaw", fuhr er zögernd fort, „ich glaube, ich kenne diese Vorfälle. Wo mein Wissen nicht ausreicht, werden die Lücken durch meine Vermutungen ergänzt, die der Wahrheit wohl ziemlich nahekommen. Ich bin das Kind einer Ehe, die sich als nicht glücklich erwies. Von Kindheit auf hörte ich von Ihnen sprechen mit hoher Achtung – fast mit Ehrfurcht. Von solcher Hingebung, von solcher Standhaftigkeit und Herzensgüte, von solchem Ankämpfen gegen Hindernisse, die den Menschen niederzuschmettern drohen, habe ich gehört, daß meine Phantasie, seitdem ich meine Lektion von meiner Mutter lernte, Ihren Namen mit Glanz umwob. Und endlich, von wem konnte ich, selbst ein armer Student, besser lernen als von Ihnen?"

Unbewegt und unverändert und ihn bloß mit einem inhaltsleeren Blick anstarrend, antwortete Redlaw weder mit Worten noch durch Gebärden.

„Ich würde mich vergeblich darum bemühen, einen Ausdruck dafür zu finden", fuhr der andere fort, „wie sehr es mich gerührt hat, als ich die schönen Spuren der Vergangenheit wieder fand in der Macht, sich Dankbarkeit und Vertrauen zu erwerben, die sich bei uns Studenten an Mr. Redlaws Namen knüpft. Wir sind an Alter und Stellung so verschieden, Sir, und ich bin es gewohnt, Sie nur aus der Ferne zu betrachten, daß ich mich über meine eigene Keckheit wundere, wenn ich, obgleich nur leise, diesen Gegenstand berühre. Aber einem Mann, der, ich darf es wohl sagen, einst für meine Mutter eine nicht gewöhnliche Teilnahme empfand, ist es vielleicht nicht ganz gleichgültig, jetzt, wo alles vorüber ist, zu vernehmen, mit welch unbeschreiblicher Liebe ich ihn aus meinem Dunkel betrachtet habe, mit welchem Schmerz ich mich von ihm fernhielt, wenn ein Wort von ihm mich reich gemacht hätte, und wie sehr ich doch fühlte, daß ich recht tat, auf dieser Bahn zu bleiben, zufrieden, ihn zu kennen und selbst ungekannt zu bleiben. Mr. Redlaw", sagte der Student schüchtern, „was ich gesagt habe, habe ich nicht glücklich ausgedrückt, denn ich kenne meine Kraft noch nicht; aber wenn etwas Unwürdiges in der Täuschung ist, die ich mir habe zuschulden kommen lassen, so verzeihen Sie mir, und in allem übrigen vergessen Sie mich!"

Der inhaltsleere und doch grollende Ausdruck schwand nicht aus Redlaws Gesicht und veränderte sich erst, als sich der Student mit diesen Worten näherte und seine Hand ergreifen wollte. Da trat er zurück und rief ihm zu:

„Kommen Sie mir nicht zu nahe!"

Der Jüngling blieb stehen, abgeschreckt von der Heftigkeit dieser Zurückweisung, und fuhr sich mit der Hand nachdenklich über die Stirn.

„Vergangen ist vergangen", sagte der Chemiker. „Das Einst stirbt wie das unvernünftige Tier. Wer redet mir von seinen Spuren in meinem Leben? Er faselt oder lügt! Was gehen mich Ihre kranken Träume an? Wenn Sie Geld brauchen, hier ist welches. Ich kam her, um es Ihnen zu bringen; das war der einzige Zweck meines Kommens. Weiter kann ich hier nichts gewollt haben", murmelte er vor sich hin und legte die Hände wieder an die Stirn. „Weiter kann ich nichts gewollt haben, und doch – "

Er hatte seine Börse auf den Tisch geworfen. Wie er jetzt in Nachsinnen versank, nahm sie der Student und hielt sie ihm entgegen.

„Nehmen Sie sie wieder, Sir", sagte er stolz, obgleich nicht erzürnt. „Ich wünschte, Sie könnten mit ihr zugleich die Erinnerung an Ihre Worte und Ihr Anerbieten zurücknehmen."

„Wünschen Sie das?" erwiderte jener mit einem seltsamen Flackern in seinen Augen. „Wünschen Sie es?"

„Ich wünsche es!"

Der Chemiker trat jetzt zum erstenmal dicht an ihn heran, nahm die Börse, ergriff seinen Arm und sah ihm ins Gesicht.

„Die Krankheit bringt Schmerz und Sorge, nicht wahr?" sagte er mit einem Lachen.

Der Student erwiderte verwundert: „Ja."

„Die Ruhelosigkeit, die Angst, die Ungewißheit und das ganze Gefolge an Leiden des Körpers und des Geistes, das sie mit sich bringt", sagte der Chemiker mit einem seltsamen Frohlocken, „ist es nicht am besten, man vergißt sie?"

Der Student antwortete nicht, sondern fuhr sich wieder wie verwirrt mit der Hand über die Stirn. Redlaw hielt ihn immer noch am Arm gefaßt, als man draußen Millys Stimme vernahm.

„Ich kann jetzt schon sehen", sagte sie, „ich danke, Dolf. Weine nicht, Kind, Vater und Mutter werden morgen wieder gut sein, und dann ist es auch wieder hübsch zu Hause. Ein Herr ist bei ihm, so!"

Redlaw ließ den Studenten los und horchte.

„Ich habe mich vom ersten Augenblick an gescheut, ihr zu begegnen", sagte er vor sich hin. „Es lebt eine standhafte Güte in ihr, die ich zu verderben fürchte. Ich kann das töten, was das Schönste und Beste in ihrem Herzen ist."

Sie klopfte draußen.

„Soll ich es als eine nichtige Ahnung mißachten oder sie weiter meiden?" murmelte er vor sich hin und sah sich unruhig um.

Sie klopfte wieder.

„Von allen, die hierherkommen können", sagte er mit heiser erregter Stimme, „möchte ich diese am wenigsten hier sehen. Verstecken Sie mich!"

Der Student öffnete eine Brettertür in der Wand, die in ein kleines Dachstübchen führte. Redlaw trat rasch hinein und schloß die Tür hinter sich.

Dann nahm der Student seinen Platz auf dem Sofa wieder ein und rief: „Herein!"

„Lieber Mr. Edmund", sagte Milly, sich umsehend, „Sie sagten mir, es wäre ein Herr hier."

„Es ist kein anderer hier als ich."

„Es ist aber jemand hier gewesen?"

„Ja, es war jemand hier."

Sie setzte ihr Körbchen auf den Tisch und näherte sich dem Sofa, wie um die ausgestreckte Hand zu ergreifen — aber sie war nicht da. Ein wenig überrascht beugte sie sich über ihn und berührte leicht seine Stirn.

„Sind Sie ganz wohl heute abend? Ihre Stirn ist heißer als heute nachmittag."

„Ach was!" sagte der Student übellaunig, „es fehlt mir nichts."

Etwas mehr Erstaunen, aber kein Vorwurf sprach sich in ihrem Gesicht aus, als sie zur anderen Seite des Tisches ging und aus ihrem Korb Nähzeug hervorholte. Aber sie besann sich, legte es wieder hin und machte sich geräuschlos im Zimmer zu schaffen. Sie setzte jeden Gegenstand an seine Stelle und in die beste Ordnung und legte selbst die Kissen des Sofas zurecht, die sie mit so leichter Hand berührte, daß er es kaum zu merken schien, während er dalag und in das Feuer blickte. Als sie damit fertig war und auch den Herd gefegt hatte, setzte sie sich zu ihrer Arbeit nieder, und bald waren ihre Finger in geräuschloser Tätigkeit begriffen.

„Es ist der neue Musselinvorhang für das Fenster, Mr. Edmund", sagte Milly, ohne ihr Nähen zu unterbrechen. „Er wird ganz hübsch aussehen, und wird auch Ihre Augen vor dem Licht schützen. Mein William sagt, das Zimmer dürfe jetzt, wo Ihre Erholung so gute Fortschritte macht, nicht zu hell sein, sonst könnte das blendende Licht Ihnen schaden."

Er sagte nichts; aber es war etwas so Verdrießliches und Ungeduldiges in der Art, wie er seine Lage veränderte, so daß sie ihn besorgt ansah.

„Die Kissen liegen nicht bequem", sagte sie und stand auf. „Ich will sie gleich zurechtlegen."

„Sie sind ganz gut", gab er zur Antwort. „Bitte, lassen Sie sie. Sie machen so viel Aufhebens um jede Kleinigkeit."

Als er das sagte, erhob er den Kopf und sah sie mit so dankesleerem Blick an, daß sie, als er sich wieder hingelegt hatte, immer noch dastand, ungewiß, was sie tun sollte. Aber sie nahm schließlich wieder Platz und nähte geschäftig weiter, ohne auch nur einen vorwurfsvollen Blick auf ihn zu werfen.

„Ich dachte eben, Mr. Edmund, Sie müssen manchmal, wenn ich hier saß, gedacht haben, daß das Unglück ein guter Lehrmeister ist. Sie werden nach dieser Krankheit die Gesundheit mehr schätzen als früher, und in vielen, vielen Jahren, wenn diese Zeit des Jahres wiederkehrt und Sie sich der Tage erinnern, wo Sie hier krank zurückblieben, ganz allein, damit die Nachricht von Ihrer Krankheit die Ihrigen nicht betrüben möge, da wird Ihnen der heimische Herd doppelt teuer sein. Ist das nicht ein hübscher Gedanke?"

Sie war zu sehr mit ihrer Arbeit beschäftigt und meinte das, was sie sagte, zu aufrichtig und war überhaupt zu gefaßt und zu ruhig, um auf einen Blick zu warten, mit der er ihr etwas antworten möchte; so prallte der Pfeil seines undankbaren Blickes von ihr ab und verletzte sie nicht.

„Ach," sagte Milly, das hübsche Köpfchen nachdenklich auf eine Seite neigend, während sie mit den Augen ihren geschäftigen Fingern folgte, „selbst auf mich — und ich bin ganz anders als Sie, Mr. Edmund, denn ich bin nicht gelehrt — hat die Betrachtungsweise solcher Dinge einen großen Eindruck gemacht, seit Sie krank waren. Als ich Sie von der Freundlichkeit und Aufmerksamkeit der armen Leute unten so gerührt sah, da merkte ich, wie auch Sie fühlten, daß selbst diese Erfahrung einiges Entgelt sei für den Verlust der Gesundheit, und ich las in Ihrem Gesicht so deutlich wie in einem Buch, daß wir ohne ein wenig Sorge und Schmerz niemals die Häfte des Guten, das uns umgibt, erkennen würden."

Sein Aufstehen unterbrach sie, sonst hätte sie noch weitergesprochen.

„Wir brauchen nicht so viel Aufhebens davon zu machen, Mrs. William", erwiderte er leichthin. „Die Leute da unten werden zu gebührender Zeit bezahlt werden für die kleinen Extradienste, die sie mir geleistet haben, und erwarten es wohl auch nicht anders. Auch Ihnen bin ich sehr verbunden."

Sie hörte auf zu nähen und sah ihn an.

„Ich fühle meine Schuld gegen Sie nicht mehr, wenn Sie die Sache übertreiben", fuhr er fort. „Ich fühle, daß Sie sich sehr um mich gekümmert haben, und ich sage Ihnen, daß ich Ihnen sehr dafür verpflichtet bin. Was können Sie mehr verlangen?"

Sie ließ ihre Arbeit in den Schoß sinken und sah ihn schweigend an, wie er mit verdrießlicher Miene im Zimmer auf und ab ging und hin und wieder stehenblieb.

„Ich sage nochmals, ich bin Ihnen sehr verpflichtet. Warum wollen Sie dadurch, daß Sie ungeheure Ansprüche machen, mein Gefühl von dem, was ich Ihnen wirklich schulde, schwächen? Sorge, Schmerz, Unglück! Man sollte fast meinen, ich wäre zwanzigmal hier gestorben!"

„Meinen Sie, Mr. Edmund", fragte sie, wobei sie aufstand und näher an ihn herantrat, „daß ich die armen Leute hier im Haus erwähnte mit irgendwelchem Bezug auf mich? Auf mich?"

Sie legte dabei mit einem einfachen und unschuldigen Lächeln des Erstaunens die Hand auf ihre Brust.

„Oh! Ich denke nicht daran, gute Frau", sagte er. „Mich hat eine Unpäßlichkeit befallen, von der Ihre Teilnahme — merken Sie wohl! ich sage Ihre Teilnahme — viel mehr Aufhebens macht, als es der Mühe lohnt, und es ist vorbei und wir können sie nicht verewigen."

Damit nahm er gleichgültig ein Buch zur Hand und setzte sich an den Tisch.

Sie beobachtete ihn ein Weilchen, bis ihr Lächeln

ganz verschwunden war, und sagte dann, mit sanfter Stimme:

„Mr. Edmund, möchten Sie lieber allein sein?"

„Ich sehe keinen Grund, warum ich Sie hier festhalten sollte", entgegnete er.

„Außer – " sagte Milly zögernd und zeigte ihm ihre Arbeit.

„Ach, der Vorhang!" gab er mit geringschätzigem Lächeln zur Antwort. „Der ist des Bleibens nicht wert."

Sie packte ihre Arbeit wieder zusammmen und legte sie in das Körbchen. Dann blieb sie vor ihm stehen mit einem solchen Ausdruck geduldigen Flehens, daß er nicht umhin konnte, sie anzusehen, und sprach:

„Wenn Sie mich brauchen sollten, werde ich gern wiederkommen. Als Sie mich brauchten, hat es mir Freude gemacht, hier zu sein; es war kein Verdienst dabei. Ich glaube, Sie fürchten, ich könnte Ihnen jetzt, wo Sie sich erholen, lästig werden, aber das wäre nicht geschehen. Ich wäre bloß so lange gekommen, wie Sie das Bett hüten mußten. Sie schulden mir nichts; aber ich kann verlangen, daß Sie mich so gerecht behandeln, als wenn ich eine Dame wäre – sogar die Dame, die Sie lieben. Und wenn Sie glauben, ich überschätze in eigennütziger Selbstüberhebung meine geringen Bemühungen, Ihnen Ihre Krankheit leichter zu machen, so fügen Sie sich mehr Unrecht zu, als Sie jemals mir zufügen können. Das ist es, was mich schmerzt."

Wäre sie leidenschaftlich gewesen anstatt ruhig, entrüstet anstatt gleichmütig, laut anstatt leise und klar, so hätte er ihr Verschwinden viel weniger gefühlt als jetzt, wo er sich so plötzlich allein fand.

Er starrte noch auf die Stelle, wo sie eben gestanden hatte und fuhr sich wieder mit der Hand über die Stirn, als Redlaw aus seinem Versteck hervortrat.

„Wenn Krankheit Sie wieder befällt", sagte er und sah ihn wild an, „ – möge es bald geschehen! –, so mögen Sie hier sterben und verfaulen!"

„Was haben Sie getan?" rief der andere und faßte ihn am Mantel. „Welche Veränderung haben Sie in mir hervorgebracht? Welchen Fluch haben Sie über mich verhängt? Geben Sie mir mein Selbst zurück!"

„Geben Sie mir *mein* Selbst zurück!" rief Redlaw wie ein Wahnsinniger. „Ich bin angesteckt! Ich bin ansteckend! Ich bin mit Gift gefüllt für mein eigenes Gemüt und für die Gemüter aller Menschen. Wo ich Teilnahme und Mitleid empfand, da werde ich zu Stein. Selbstflucht und Undankbarkeit keimen auf, wo ich meinen Fuß hinsetze. Nur das eine erhebt mich noch über die Elenden, die ich so umwandle, daß ich sie in dem Augenblick ihrer Veränderung hassen kann."

Wie er so sprach – der Jüngling hielt ihn immer noch am Mantel fest –, riß er sich los und schlug nach ihm. Dann stürzte er in die Nachtluft hinaus, wo der Wind heulte, der Schnee fiel, die Wolken eilig dahinzogen, der Mond trübe schimmerte, und wo in dem Heulen des Windes, in dem fallenden Schnee, in den ziehenden Wolken, in dem trüben Schimmer des Mondes, in dem dunklen Schatten die Worte des Geistes erklangen: „Die Gabe, die ich dir verliehen habe, sollst du weitergeben, überall, wo du hinkommst!"

Wohin er ging, war ihm gleichgültig, nur nicht unter Menschen. Die Veränderung, die er in sich fühlte, machte die lauten Straßen zu einer Einöde, sein eigenes Inneres zu einer Wildnis und die ungezählten Menschen um ihn mit ihren vielfachen Sorgen und Erlebnissen zu einer ungeheuren Sandwüste, die die Winde verheerten und zu unentwirrbaren Haufen zusammenwühlten. Die Spuren in seinem Gemüt, von denen der Geist ihm gesagt hatte, daß sie bald vergehen würden, waren noch nicht ganz verblichen, und so fühlte er hinreichend, was er war und was er aus anderen machte, um allein sein zu wollen.

Das brachte ihm plötzlich den Jungen in den Sinn, der in sein Zimmer eingedrungen war. Und dann kam ihm der Gedanke, daß von allen, mit denen er seit dem Verschwinden des Geistes verkehrt hatte, dieser Junge allein unverändert geblieben war.

So widerwärtig ihm zwar das tierische Geschöpf war, so beschloß er doch, es aufzusuchen und zu sehen, ob es wirklich so sei; er hatte auch noch eine andere Absicht dabei, die ihm gleichzeitig einfiel.

So lenkte er, nachdem er sich nicht ohne Schwierigkeit orientiert hatte, wo er war, seine Schritte wieder zurück zu dem alten Kolleg, und zwar zum Haupteingang.

Das Häuschen des Kastellans stand unmittelbar hinter dem eisernen Gittertor und bildete einen Teil des Hauptgevierts. Vor der Pforte war ein kurzer Kreuzgang, und er wußte, daß er aus seinem Schatten zu den Fenstern ihres Wohnzimmers hineinblicken und sehen konnte, wer darin war. Das Gittertor war zu, aber er kannte das Schloß; er öffnete es, indem er durch das Gitter durchgriff, trat vorsichtig hinein, machte die Tür wieder zu und schlich an das Fenster, während der Schnee unter seinen Füßen knisterte.

Das Kaminfeuer leuchtete hell durch das Fenster und warf einen glänzenden Schein auf den Schnee. Instinktmäßig die helle Stelle vermeidend, ging er um sie

73

herum und sah zum Fenster hinein. Anfangs glaubte er, die Stube sei leer und die Flamme röte nur mit ihrem Schimmer die alten Balken an der Decke und die dunkelbraunen Wände, aber als er genauer hinblickte, sah er den Jungen auf dem Fußboden zusammengekauert. Er ging rasch zur Tür, öffnete sie und trat ein.

Das wilde Geschöpf lag der Glut so nahe, daß, als der Chemiker es wecken wollte, ihm die Lohe wie sengend ins Gesicht schlug. Sobald er sich berührt fühlte, nahm der Junge, sich, obwohl kaum halb wach, instinktiv zur Flucht wendend, seine Lumpen zusammen und kollerte halb und lief halb in eine entlegene Ecke des Zimmers. Dort kauerte er sich auf den Fußboden zusammen und stieß um sich, um sich zu verteidigen.

„Steh auf!" sagte der Chemiker. „Kennst du mich noch?"

„Laß mich gehen!" entgegnete der Junge. „Hier wohnt die Frau — nicht du."

Des Chemikers fester Blick schüchterte ihn etwas ein, so daß er sich auf die Füße stellen und ansehen ließ.

„Wer hat sie gewaschen und verbunden?" fragte der Chemiker, auf die Füße deutend, die in einem ganz anderen Zustand waren als vorhin.

„Die Frau."

„Und hat sie dir auch das Gesicht gewaschen?"

„Ja, die Frau."

Redlaw stellte diese Fragen, um seine Augen auf sich zu lenken, und faßte ihn jetzt in derselben Absicht am Kinn und strich sein verwirrtes Haar zurück, obgleich es ihn ekelte, ihn anzurühren. Der Junge beobachtete seine Augen scharf, als halte er das, des nächsten Augenblicks nicht sicher, zu seiner Verteidigung für notwendig, und Redlaw konnte recht wohl erkennen, daß ihn keinerlei Veränderung befiel.

„Wo sind sie?" fragte er.

„Die Frau ist fort."

„Ich weiß es. Wo ist der Alte mit dem weißen Haar und sein Sohn?"

„Der Mann der Frau, meinst du?" fragte der Junge.

„Ja! Wo sind die beiden?"

„Fort! Es ist irgendwo etwas vorgefallen. Sie wurden eilig geholt und sagten mir, ich sollte hierbleiben."

„Komm mit", sagte Redlaw. „Ich will dir Geld geben."

„Wohin? Und wieviel willst du mir geben?"

„Ich will dir mehr Schillinge geben, als du jemals gesehen hast, und dich bald hierher zurückbringen. Kannst du mich dahin führen, wo du hergekommen bist?"

75

„Laß mich gehen", erwiderte der Junge und entwand sich rasch seiner Hand. „Dorthin führe ich dich nicht. Laß mich gehen oder ich bewerfe dich mit Kohlen."

Er bückte sich rasch zu dem Rost herunter, bereit, die glühenden Kohlen wegzureißen.

Was der Chemiker gefühlt hatte, als er den Zauber, der ihm anhaftete, die umstricken sah, mit denen er in Berührung kam, ließ sich bei weitem nicht mit dem dumpfen Grauen vergleichen, mit dem er diesen kleinen Unhold seinem Einfluß Trotz bieten sah. Es überlief ihn kalt bei dem Anblick dieses unempfindlichen und unergründlichen Wesens in der Gestalt eines Kindes, das ihn mit bösem Gesicht und wilden Augen ansah.

„Höre, Kind!" sagte er, „du sollst mich hinführen, wohin du willst, nur mußt du mich zu Leuten bringen, die sehr arm oder sehr schlimm sind. Ich will ihnen nichts Böses zufügen, sondern ihnen helfen. Ich will dir Geld dafür geben, und ich bringe dich wieder hierher zurück. Steh auf und mach rasch!"

Er tat einen hastigen Schritt zur Tür, weil er jeden Augenblick befürchtete, Milly könnte kommen.

„Läßt du mich allein gehen, wirst mich nicht festhalten und mich nicht berühren?" sagte der Junge, indem er langsam die Hand vom Feuer zurückzog und aufstand.

„Ja!"

„Und mich vor dir oder hinter dir, oder wo ich will, gehen lassen?"

„Ja!"

„So gib mir erst Geld, dann komme ich mit."

Der Chemiker legte dem Jungen ein paar Schillinge, einen nach dem andern, in die ausgestreckte Hand.

Sie zu zählen lag außer dem Bereich der Fähigkeiten des Jungen, aber er sagte bei jedem Geldstück „eins" und blickte dabei erst die Münze und dann den Geber habgierig an. Er konnte die Geldstücke außer in seiner Hand bloß im Mund aufbewahren, und dorthin steckte er sie.

Redlaw schrieb dann mit Bleistift auf ein aus seinem Notizbuch gerissenes Blatt, daß das Kind bei ihm sei, legte den Zettel auf den Tisch und winkte dem Knaben, ihm zu folgen. Seine Lumpen zusammenraffend, gehorchte der Junge und ging mit bloßem Kopf und nackten Füßen hinaus in die Winternacht.

Der Chemiker zog es vor, nicht durch das Tor hinauszugehen, wo er leicht der begegnen konnte, die er zu vermeiden trachtete. Er führte den Jungen daher durch die dunklen Korridore des Gebäudeteiles, wo er selbst wohnte, zu einem kleinen Pförtchen, zu dem er den Schlüssel hatte. Als sie wieder auf die Straße traten, blieb er stehen, um seinen Führer − der sogleich vor ihm zurückwich − zu fragen, ob er wisse, wo sie wären.

Der kleine Wilde sah sich um, nickte endlich mit dem Kopf und deutete dann in die Richtung, in die er gehen wollte.

Da Redlaw ohne Besinnen diesen Weg einschlug, folgte er etwas weniger mißtrauisch. Dabei nahm er das Geld abwechselnd in die Hand und steckte es dann wieder in den Mund und polierte es verstohlen an seinen Lumpen, während er hinter dem Chemiker hertrabte.

Dreimal auf ihrem Weg gingen sie nebeneinander. Dreimal blieben sie stehen, während sie nebeneinander waren. Dreimal blickte der Chemiker hinab auf das Gesicht und schauderte bei dem Gedanken, der sich ihm dabei aufdrängte.

Das erste Mal war es, als sie über einen alten Friedhof gingen und Redlaw inmitten der Gräber stehenblieb, gänzlich außerstande, sie mit einem einzigen
weichstimmenden oder tröstenden Gedanken zu ver-
binden.

Das zweite Mal war es, als der aus den Wolken her-
vortretende Mond seine Blicke zum Himmel empor-
lenkte, wo er das Gestirn der Nacht in seinem Glanz
sah.

Das dritte Mal war es, als er stehenblieb, um einer
klagenden Melodie zu lauschen, aber nur eine Reihe
von Tönen vernehmen konnte, die ihn bloß an den
trockenen Mechanismus der Instrumente erinnerten.
Keine der geheimnisvollen Saiten seines Herzens begann zu schwingen, keine Mahnung an die Vergangenheit oder Zukunft klang durch seine Seele, und der Eindruck ging spurlos an ihm vorüber, wie der Wind des
vergangenen Jahres.

Und alle drei Male sah er mit Entsetzen, daß trotz
der unermeßlichen Verschiedenheit zwischen ihnen in
geistiger und körperlicher Beziehung der Ausdruck auf
dem Gesicht des Jungen den Ausdruck auf seinem eigenen widerspiegelte.

Sie gingen eine gute Weile — jetzt durch menschen-
erfüllte Gegenden, so daß er sich oft, in der Meinung,
seinen Führer verloren zu haben, umsah, ihn aber
meistens auf der andern Seite in seinem Schatten tra-
ben sah, jetzt wieder durch so stille Straßen, daß er den
gedämpften Schall der nackten Füße seines Begleiters
auf dem Pflaster hören konnte —, bis sie ein paar halb-
verfallene Häuser erreichten, wo der Knabe ihn am Ärmel faßte und stehenblieb.

„Da hinein!" sagte er, auf ein Haus deutend, wo

einzelne Fenster erleuchtet waren und eine trübe Laterne mit der Aufschrift „Logis für Reisende" über dem Torweg schimmerte.

Redlaw blickte um sich auf die halbverfallenen Häuser und auf das wüste Stück Land, auf dem sie standen. Keine Straßenlaterne, kein Zaun – und ein übelriechender Graben floß daran entlang. Eine Reihe von Bogenwölbungen, die zu einem Viadukt oder einer Brücke in der Nachbarschaft gehörten, senkten sich allmählich dorthin, wo sie standen. Die vorletzte war bloß noch ein Loch für einen Hund, während die letzte aus einem verfallenen Häufchen Ziegelsteinen bestand. Redlaw blickte auf all das und auf das Kind, das fröstelnd auf einem Fuß neben ihm stand, während es den andern um das eine Bein geschlagen hatte, um es zu erwärmen. Der Gesichtsausdruck des Jungen, der diesen Anblick gleichgültig betrachtete, glich wiederum so sehr seinem eigenen, daß der Chemiker entsetzt zurückfuhr und sich an die Stirn faßte.

„Da hinein!" sagte der Junge und deutete wieder auf das Haus. „Ich will hier warten."

„Werden sie mich hineinlassen?"

„Sage nur, du wärst ein Arzt", antwortete das Kind mit einem Kopfnicken. „Es ist Krankheit genug da."

Als Redlaw, auf die Haustür zugehend, zurückblickte, sah er, wie der Junge unter den kleinsten Bogen in der Nähe kroch, als wäre er eine Ratte. Er bemitleidete das Geschöpf nicht, aber er fürchtete sich davor; und als es ihn aus seiner Höhle anstarrte, eilte er in das Haus, als wollte er davor fliehen.

„Kummer, Kränkung und Leid", sagte der Chemiker mit einer mühseligen Anstrengung, sich seine Erinnerungen deutlicher vor die Seele zu rufen, „machen diesen Ort zur Hölle. Wer hierher Vergessen bringt, kann niemand schaden!"

Mit diesen Worten stieß er die Tür auf und trat ein.

Auf der Treppe saß ein Weib und schlief, wie es schien, das Haupt auf Hände und Knie gestützt.

Ohne sich besonders um ihn zu kümmern, rückte sie näher an die Wand, um ihn vorbeizulassen.

„Wer seid Ihr?" fragte Redlaw und blieb stehen, die Hand auf das zerbrochene Treppengeländer gestützt.

„Was meint Ihr, daß ich bin?" erwiderte sie und zeigte ihm wieder ihr Gesicht.

„Ich komme her, um zu helfen", sagte er sanft. „Denkt Ihr an erlittenes Unrecht?"

Sie blickte ihn mit zusammengezogenen Brauen an und lachte dann; und als sie den Kopf wieder sinken ließ und das Gesicht mit den Händen verhüllte, klang ihr Lachen in einen herzzerbrechenden Seufzer aus.

„Denkt Ihr an erlittenes Unrecht?" fragte er noch einmal.

„Ich denke an mein Leben", sagte sie, ihm einen kurzen Blick zuwerfend.

Er fühlte, daß sie eine von vielen sei und daß er in ihr das Ebenbild von Tausenden von Unglücklichen sehe.

„Wer sind Eure Eltern?" fragte er.

„Ich hatte es gut zu Hause. Mein Vater war Gärtner, weit draußen auf dem Land."

„Ist er tot?"

„Für mich ist er tot. Alle solche Dinge sind tot für mich. Sie sind ein feiner Herr und wissen das nicht einmal!"

Sie blickte wieder auf und lachte ihn an.

„Mädchen!" sagte Redlaw streng, „ehe alle diese

Dinge für Euch tot waren, habt Ihr da kein Unrecht erlitten? Lebt in Euch, trotz allem, was Ihr tun könnt, keine Erinnerung an eine Kränkung? Gibt es nicht Zeiten, wo diese Erinnerung Euch elend macht?"

So wenig Weibliches war noch an ihrem Äußeren, daß es ihn in Erstaunen versetzte, als sie jetzt in Tränen ausbrach. Aber noch mehr weckte es sein Erstaunen und machte ihn unruhig, als er sah, daß in der kaum erwachten Erinnerung an diese Kränkung die erste Spur ihrer entschwundenen Menschlichkeit und ihres erstarrten Gefühls sich zeigte.

Er trat etwas zurück und bemerkte dabei Verletzungen an ihren Armen, in ihrem Gesicht und an ihrer Brust.

„Welch rohe Hand hat Euch so verletzt?" fragte er.

„Meine eigene. Ich tat es selbst!" antwortete sie rasch.

„Das ist nicht möglich!"

„Ich schwöre es! Er hat mich nicht angerührt. Ich habe es mir selbst angetan in meiner Raserei und warf mich dann hier nieder. Er kam mir nicht zu nahe!"

In dem entschlossenen Ausdruck des bleichen Gesichts, das ihn mit dieser Lüge ansah, erkannte er, daß noch genug von der letzten Verkehrung des Guten in dieser unglücklichen Brust fortlebe, um ihm Anlaß zur Reue zu geben, daß er sich ihr jemals genähert hatte.

„Kummer, Kränkung und Leid!" sagte er halblaut vor sich hin und wandte scheu den Blick ab. „Alles, was sie noch mit dem verbindet, was sie einst vor ihrem Abstieg war, hat diese Wurzeln! Im Namen Gottes, laßt mich vorüber!"

Voller Scheu, sie noch einmal anzusehen, voller Scheu, sie zu berühren, raffte er seinen Mantel um sich und schritt rasch die Treppe hinauf.

Der Treppe gegenüber war eine Tür, die halb offen stand und aus der in diesem Augenblick ein Mann mit einem Leuchter in der Hand trat. Aber als er den Chemiker erblickte, wich er überrascht zurück und nannte ihn, wie unwillkürlich, beim Namen.

Verwundert, sich hier genannt zu finden, blieb er stehen und bemühte sich vergebens, sich auf das abgezehrte und überraschte Gesicht zu besinnen. Aber er hatte nicht lange Zeit dazu, denn zu seiner noch größeren Überraschung trat der alte Philip aus dem Zimmer und ergriff seine Hand.

„Mr. Redlaw", sagte der Alte, „das sieht Ihnen ganz ähnlich, das sieht Ihnen ganz ähnlich, Sir! Sie haben davon gehört und sind uns nachgeeilt, um zu helfen, soviel noch zu helfen ist. Auch zu spät, zu spät!"

Redlaw ließ sich in stummer Verwunderung ins Zimmer führen. Dort lag auf einem ärmlichen Bett ein Mann und neben ihm stand William Swidger.

„Zu spät!" murmelte der Alte und sah den Chemiker betrübt an, während die Tränen an seinen Wangen hinabliefen.

„Das sag' ich auch, Vater", sagte sein Sohn leise. „Das sag' ich eben auch. Wir können weiter nichts tun, als so ruhig wie möglich bleiben, solange er schlummert. Ihr habt recht, Vater!"

Redlaw blieb neben dem Bett stehen und blickte auf den Schlafenden herab. Es war ein Mann, den Jahren nach noch in der Blüte seines Lebens, auf den aber schwerlich jemals wieder die Sonne scheinen würde. Die Laster eines vierzig-oder fünfzigjährigen Lebens hatten ihn so gezeichnet, daß, im Vergleich damit, die schwere Hand der Zeit auf das Gesicht des Greises, der neben ihm stand, schonend und verschönernd gewirkt hatte.

„Wer ist das?" fragte der Chemiker, sich umblikkend.

„Mein Sohn George, Mr. Redlaw", sagte der Alte, die Hände ringend. „Mein ältester Sohn George, auf den seine Mutter stolzer war als auf alle übrigen!"

Redlaws Augen schweiften über den grauen Kopf des Greises, der sich über das Bett beugte, zu dem Mann hin, der ihn beim Eintreten erkannt hatte und der dann in die entlegenste Zimmerecke, fern von den andern, zurückgetreten war. Er schien in seinem Alter zu sein, und obgleich er keinen so hoffnungslos heruntergekommenen Mann kannte wie diesen, war, als er jetzt zur Tür hinausging, doch etwas in seiner Haltung, das ihn veranlaßte, unruhig mit der Hand über die Stirn zu fahren.

„William", sagte er leise, „wer ist das?"

„Ja sehen Sie, Sir!" erwiderte William, „das sage ich eben auch. Warum muß ein Mensch auch immer spielen und dergleichen Dinge treiben und sich zollweise immer tiefer sinken lassen, bis er nicht mehr tiefer sinken kann!"

„Hat er das getan?" fragte Redlaw und sah ihm mit dem gleichen unruhigen Blick wie vorhin nach.

„Jawohl, jawohl, Sir!" erwiderte William Swidger. „Er versteht etwas von Medizin, Sir, wie es scheint. Er ist mit meinem armen Bruder, der hier liegt, nach London gewandert", sagte Mr. William, sich mit dem Ärmel über die Augen fahrend, „und beide hatten ihr Nachtquartier hier genommen — Sie sehen, es kommen hier manchmal seltsame Gefährten zusammen. Er kam nun, um zu sehen, wie es dem Kranken ginge. Er war es auch, der uns hierhergeholt hat. Welch trauriges Schauspiel, Sir!" Aber so geht es in der Welt. Es kann meinem Vater den Tod bringen!"

83

Redlaw blickte bei diesen Worten in die Höhe, und indem er sich erinnerte, wo und bei wem er sei und welcher Zauber ihn begleite – das hatte er in der Überraschung vergessen –, trat er eilig beiseite und ging mit sich zu Rate, ob er bleiben solle oder gehen.

Einem grollenden Trotz nachgebend, mit dem zu kämpfen er verdammt zu sein schien, entschied er sich für das Bleiben.

„Erst gestern", sagte er, „bemerkte ich, daß die Erinnerungen dieses Alten nur ein Gewebe von Trübsal und Widerwärtigkeit sind, und heute soll ich mich scheuen, es zu verändern?" Sind die Erinnerungen, die ich verwischen kann, diesem Sterbenden so kostbar, daß ich für ihn zu fürchten brauchte? Nein! Ich will bleiben."

Aber trotz dieser Worte blieb er nur mit Furcht und Zittern. Er hielt sich fern von dem Bett und stand, in den dunklen Mantel gehüllt, mit abgewandtem Gesicht da, als ob er sich wie ein Dämon in dieser Stube vorkomme.

„Vater!" murmelte der Kranke, aus halber Betäubung erwachend.

„Mein Sohn! Mein George!" sagte der Alte.

„Ihr sagtet eben, ich wäre einst der Liebling der Mutter gewesen. Es ist schrecklich, jetzt an die Vergangenheit zurückzudenken."

„Nein, nein, nein!" entgegnete der Alte. „Denke daran. Sage nicht, es sei schrecklich. Mir ist's nicht schrecklich, mein Sohn."

„Es schneidet Euch ins Herz, Vater", sagte er, denn die Tränen des Alten fielen auf ihn herab.

„Ja, ja!" sagte Philip, „das ist wahr; aber es tut mir wohl. Es ist ein schweres Leid, an jene Zeit zu denken, aber es tut mir wohl, George. Ach, denke auch du daran, denke auch du daran, und dein Herz wird weicher und weicher werden! Wo ist mein Sohn William? William, mein Sohn, seine Mutter liebte ihn bis an ihr Ende und sagte mit ihrem letzten Atemzug: ‚Sage ihm, daß ich ihm verziehen, ihn gesegnet und für ihn gebetet habe.‘ Das waren ihre Worte. Ich habe sie nie vergessen, und ich bin siebenundachtzig!"

„Vater", sagte der Mann auf dem Bett, „ich sterbe, das weiß ich. Ich bin so schwach, daß ich kaum sprechen kann, selbst nicht von dem, was mir am schwersten auf dem Herzen liegt. Ist noch Hoffnung für mich Sünder?"

„Hoffnung ist für alle Reuigen", erwiderte der Alte. „Oh!" rief er aus „erst gestern dankte ich Gott, daß ich mich an diesen unglücklichen Sohn erinnern konnte, als er noch ein unschuldiges Kind war. Aber welcher Trost liegt jetzt darin zu denken, daß Gott selbst sich seiner auf diese Weise erinnert!"

Redlaw verhüllte sein Gesicht mit den Händen und zuckte scheu zusammen.

„Ach!" stöhnte der Mann auf dem Bett. „Wieviel verloren seitdem! Wieviel verloren!"

„Aber er war einmal ein Kind", sagte der Alte. „Er spielte mit Kindern. – Nicht wie er jetzt ist, sondern wie damals ruft er zu dir, wie er so oft zu uns zu rufen schien!"

Wie der Alte die zitternden Hände zum Himmel erhob, lehnte der Kranke sein mattes Haupt an seine Brust, als wäre er wirklich noch das Kind, von dem er sprach.

Zitterte je ein Mensch so wie Redlaw in dem Schweigen, das jetzt folgte? Er wußte, daß es über sie kommen mußte, er wußte, daß es in Bälde über sie kam.

„Meine Zeit ist kurz, mein Atem ist noch kürzer", sagte der Kranke, sich auf einen Arm stützend und mit der andern Hand in der Luft umherfahrend, „und ich erinnere mich, daß mir etwas auf dem Herzen liegt wegen des Mannes, der eben hier war. Vater und William — wartet! — ist dort etwas Schwarzes?"

„Ja, ja!" sagte der greise Vater.

„Ist es ein Mann?"

„Das sage ich ja, George!" sagte der Bruder, sich freundlich über ihn beugend. „Es ist Mr. Redlaw."

„Mir war's, als ob ich von ihm träumte. Bitte ihn, hierherzukommen."

Bleicher als der Sterbende trat der Chemiker näher. Dem Wink des Kranken gehorchend setzte er sich auf das Bett.

„Mein Herz ist heute nacht so gerührt worden, Sir", sagte der Sterbende, die Hand auf sein Herz legend, mit einem Blick, in dem sich die ganze stumm flehende Qual aussprach, „so geführt von dem Anblick meines armen alten Vaters und dem Gedanken an all den Kummer, an dem ich schuld bin, daß — "

War es das Nahen des Todes oder die Ahnung einer neuen Veränderung, was ihn halten ließ?

„— daß ich versuchen will, wieder gutzumachen, was ich kann. Es war noch ein Mann hier. Sahen Sie ihn?"

Redlaw konnte nicht antworten; denn wie er das verhängnisvolle Anzeichen, das er jetzt so gut kannte — die unruhig über die Stirn fahrende Hand —, sah, erstarb ihm das Wort auf den Lippen. Aber er machte eine Gebärde der Zustimmung.

86

„Er hat keinen Pfennig, ist hungrig und es fehlt ihm an allem. Er ist ganz verlassen und hat keine Möglichkeit, sich zu helfen. Lassen Sie ihn nicht aus den Augen! Verlieren Sie keine Zeit! Ich weiß, er denkt daran, sich das Leben zu nehmen."

Die Veränderung kam über ihn, sie zeigte sich auf seinem Gesicht. Die Züge wurden allmählich wilder und härter und verloren allen Kummer.

„Können Sie sich nicht besinnen? Kennen Sie ihn nicht?" fuhr er fort.

Er bedeckte das Gesicht einen Augenblick mit der Hand und sah dann auf einmal Redlaw mit grollendem und frechem Blick an.

„Seid verdammt!" sagte er, finster um sich schauend, „was habt ihr mit mir gemacht? Ich habe fröhlich gelebt und will fröhlich sterben. Zum Teufel mit euch!"

Und er legte sich wieder aufs Bett und schlug die Arme über Kopf und Ohren zusammen, als ob er von diesem Augenblick an entschlossen sei, alles von sich fernzuhalten und in vollständiger Gleichgültigkeit aus dem Leben zu scheiden.

Wenn den Chemiker der Blitz getroffen hätte, so hätte er nicht in größerer Erschütterung vom Bett zurückweichen können. Aber auch der Alte, der, während sein Sohn mit Redlaw sprach, auf die Seite getreten war und sich jetzt wieder nähern wollte, mied auf einmal das Bett mit Abscheu.

„Wo ist mein Sohn William?" sagte der Alte hastig. „William, wir wollen fort. Wir wollen nach Hause gehen."

„Nach Hause, Vater!" entgegnete William. „Wollt Ihr Euren eigenen Sohn verlassen?"

„Wo ist mein eigener Sohn?" erwiderte der Alte.

„Wo? Nun dort!"

„Das ist nicht mein Sohn", sagte Philip, vor Erbitterung zitternd. „Mit einem Kerl wie diesem habe ich nichts zu schaffen. Meine Kinder sehen hübsch aus und bedienen mich und bereiten mir Speise und Trank und sind mir nützlich. Ich habe ein Recht darauf! Ich bin siebenundachtzig!"

„Ihr seid alt genug, um nicht noch älter zu werden", brummte William und sah ihn, die Hände in den Taschen, verdrießlich an. „Ich weiß wahrhaftig nicht, wozu Ihr da seid. Ohne Euch wären wir wohl noch einmal so fidel."

„Mein Sohn, Mr. Redlaw!" sagte der Alte. „Mein Sohn! Der Junge spricht mir von meinem Sohne! Ich möchte doch wahrhaftig wissen, was er jemals in seinem Leben getan hätte, das mir Freude machte.

„Ich weiß wahrhaftig nicht, was Ihr jemals getan habt, um mir Freude zu machen", sagte William mürrisch.

„Will mich besinnen", sagte der Alte. „Wie viele Weihnachtsabende habe ich in meiner warmen Ecke gesessen, ohne in die kalte Nachtluft gehen zu müssen; und habe mich wohlgefühlt, ohne gestört zu werden von einem so garstigen Anblick, wie dieser da ist? Waren's zwanzig, William?"

„Eher vierzig, dächte ich", brummte er. „Wahrhaftig, wenn ich meinen Vater ansehe, Sir, und mir es einmal ordentlich überlege", sagte er zu Redlaw mit einer Gereiztheit, die ganz neu an ihm war, „so will ich mich hängen lassen, wenn ich etwas anderes in ihm sehe als einen Kalender von einer langen Reihe von Jahren voll Essen und Trinken und Bequemlichkeit."

„Ich bin siebenundachtzig", sagte der Alte, kindisch

faselnd, „und ich weiß nicht, daß mich jemals etwas gestört hätte. Jetzt will ich nicht erst damit anfangen wegen des Menschen dort, den er meinen Sohn nennt. Er ist nicht mein Sohn. Ich habe viele schöne Zeiten erlebt. Ich kann mich noch erinnern – nein, doch nicht – nein, ich hab's vergessen. Es war etwas von einem Ballspiel und einem Freund, aber ich weiß es nicht mehr. Ich möchte wissen, wer es war – ich glaube, ich konnte ihn gut leiden. Und ich möchte wissen, was aus ihm geworden ist – ob er wohl tot ist? Aber ich weiß es nicht. Und mich kümmert's auch nicht ein bißchen."

Mit schläfrigem Lachen und Kopfschütteln steckte er die Hände in die Westentaschen. In einer fand er ein kleines Stechpalmenzweiglein, wahrscheinlich vom vorigen Abend, das er jetzt herausnahm und besah.

„Beeren, he?" sagte der Alte. „Ah! 's ist schade, daß sie nicht zum Essen sind. Ich erinnere mich, als ich ein kleiner Kerl war, nicht größer als so, und spazierenging mit – mit wem ging ich doch spazieren? – Nein! ich kann mich nicht mehr darauf besinnen. Ich kann mich nicht mehr erinnern, mit wem ich ging, ich weiß nicht mehr, ob sich je einer um mich gekümmert hat oder ob ich mich um jemand gekümmert habe. Beeren, he? 's ist hübsch, wo's Beeren gibt. Na, ich muß auch meinen Teil davon bekommen, und man muß mich bedienen und mir alles warm und gemütlich machen; denn ich bin siebenundachtzig und ein armer, alter Mann. Ich bin siebenundachtzig, siebenundachtzig!"

Die faselnde, klägliche Weise, mit der er, während er so sprach, an den Blättern knabberte und die Stückchen ausspuckte; das kalte, gleichgültige Auge, mit dem sein jüngster Sohn ihn jetzt betrachtete; die trotzige Gleichgültigkeit, in der sein ältester Sohn dalag – alles das entging Redlaws weiterer Beobachtung, denn er riß sich von der Stelle los, auf der er wie festgewurzelt gestanden, und stürzte zum Haus hinaus.

Sein kleiner Führer kam aus seinem Versteck hervorgekrochen und stand vor ihm.

„Wieder zu der Frau?" fragte er.

„Zurück, rasch!" antwortete Redlaw. „Bleib nirgends unterwegs stehen!"

Eine kleine Strecke weit lief der Junge vor ihm her; aber der Chemiker ging so rasch, daß der Junge mit seinen bloßen Füßen kaum Schritt halten konnte. Scheu, alle Vorübergehenden meidend, dicht in den Mantel gehüllt, als ob die leiseste Berührung desselben anderen die Pest bringe, blieb Redlaw erst an der Tür stehen, durch die sie zuerst auf die Straße getreten waren. Er schloß sie auf, trat ein, begleitet von dem Jungen, und eilte durch die dunklen Gänge in sein Zimmer.

Der Junge beobachtete ihn scharf, wie er die Tür zumachte, und zog sich hinter den Tisch zurück, als jener sich umsah.

„Rühre mich ja nicht an!" sagte er. „Du willst mir doch nicht mein Geld wieder wegnehmen?"

Redlaw ließ noch einige Geldstücke auf den Fußboden fallen. Der Junge warf sich sogleich darauf, als wollte er sie seinen Augen entziehen, damit ihr Anblick ihn nicht veranlasse, sie zurückzufordern; und erst als er ihn bei der Lampe sitzen sah, das Gesicht mit den Händen bedeckt, fing er an, sie verstohlen aufzulesen. Als er das getan hatte, kroch er zum Feuer und setzte sich in einen großen Stuhl, der davor stand. Dann holte er ein paar Speisereste aus der Brusttasche hervor, kaute und starrte ins Feuer und betrachtete dann und wann seine Schillinge, die er fest in der einen Hand hielt.

90

„Und das ist also der einzige Gefährte, den ich auf der Welt habe!" sagte Redlaw und sah das Kind mit zunehmender Abneigung und Furcht an.

Wie lange er so dasaß, die Augen auf dieses Geschöpf geheftet, vor dem ihm ekelte — ob eine halbe Stunde oder die halbe Nacht —, wußte er nicht. Aber die Stille im Zimmer wurde plötzlich unterbrochen von dem Jungen, der, nachdem er eine Weile aufmerksam gehorcht hatte, jetzt aufsprang und zur Tür lief.

„Die Frau kommt!" rief er.

Der Chemiker hielt ihn fest in dem Augenblick, als sie klopfte.

„Laß mich zu ihr", sagte der Junge.

„Jetzt nicht", erwiderte der Chemiker. „Bleib! Niemand darf jetzt zum Zimmer herein oder hinaus. Wer ist da?"

„Ich bin's, Sir", rief Milly. „Bitte, machen Sie auf!"

„Um alles in der Welt nicht!" sagte er.

„Mr. Redlaw, Mr. Redlaw, bitte, machen Sie auf!"

„Was gibt's?" sagte er und hielt den Jungen zurück.

„Dem elenden Kranken, bei dem Sie waren, geht es schlechter, und nichts kann ihn aus seiner schrecklichen Verblendung erretten. Williams Vater ist in einem Nu kindisch geworden. Auch William hat sich verändert. Die Erschütterung ist zu plötzlich für ihn gekommen; ich verstehe ihn nicht mehr; er ist gar nicht mehr er selbst. Ach! Mr. Redlaw, bitte, raten Sie mir, helfen Sie mir."

„Nein, nein, nein!" gab er zur Antwort.

„Mr. Redlaw, lieber Herr! George sprach in seinem Halbtraum von dem Mann, den Sie dort sahen und der sich, wie er fürchtet, das Leben nehmen will."

„Besser ist's, er tut es, als daß er mir zu nahe kommt!"

„Er sagte in seinem Phantasieren, Sie kennen ihn; er sei vor langer, langer Zeit Ihr Freund gewesen; er sei der unglückliche Vater eines Studenten hier — ich ahne es fast, des jungen Gentleman, der so krank gewesen ist. Was soll ich tun? Wie soll man ihn beobachten? Wie ist er zu retten? Ach! Mr. Redlaw, bitte, raten Sie mir, helfen Sie mir!"

Während der ganzen Zeit hielt er den Jungen fest, der wie wild darauf war, sich von ihm loszureißen und die Frau hereinzulassen.

„Erscheinungen! Ihr, die ihr gotteslästerliche Gedanken bestraft", rief Redlaw voller Verzweiflung, „seht auf mich herab! Möge aus der Nacht meines Gemüts der Funken Reue, der dort ist, emporscheinen und euch mein Elend zeigen! In der Körperwelt kann nichts entbehrt werden, wie ich immer gelehrt habe; keine Stufe, kein Atom des wunderbaren Baus kann verlorengehen, ohne daß eine Lücke im großen Weltall entsteht. Ich weiß jetzt, daß es ebenso ist mit dem Guten und dem Bösen, mit der Freude und dem Leid im Gedächtnis der Menschen. Habt Erbarmen! Erlöst mich!"

Keine Antwort ertönte, nur ihr „Helfen Sie mir, helfen Sie mir, machen Sie auf!" Und immer noch versuchte der Junge sich von ihm loszureißen.

„Schatten meines Ichs! Geist meiner trüben Stunden!" rief Redlaw wie außer sich, „kehre zurück und umschwebe mich bei Tag und bei Nacht, aber nimm deine Gabe wieder! Oder wenn ich sie behalten muß, so entziehe mir wenigstens die schreckliche Macht, sie anderen mitzuteilen. Mache ungeschehen, was ich getan habe. Laß mich in Nacht, aber gib denen den Tag

93

zurück, die mein Fluch angesteckt hat. So wahr ich diese Frau von Anfang an verschont habe, und so wahr ich dieses Zimmer nie wieder verlassen, sondern hier sterben will, ohne eine pflegende Hand außer diesem Geschöpf, das meinem Einfluß unzugänglich ist — höre mich!"

Die einzige Antwort blieb, daß der Junge sich von ihm loszureißen versuchte, um zu ihr zu gelangen; und daß sie draußen jetzt lauter rief:

„Helfen Sie! Machen sie auf! Er war einst Ihr Freund, wie ist er zu beaufsichtigen, wie zu retten? Sie haben sich alle so verändert, niemand kann mir helfen als Sie, bitte, machen Sie auf!"

Drittes Kapitel

Die Rücknahme der Gabe

Nacht umhüllte noch den Himmel. Auf weiten Ebenen, von Bergeshöhen aus und vom Deck einsamer Schiffe auf dem Meer, sah man ganz tief unten am Horizont einen schwach dämmernden Streifen, der mit der Zeit Licht zu werden versprach; aber die Erfüllung dieses Versprechens war noch fern und ungewiß, und den Mond umdrängten noch geschäftig die Wolken der Nacht.

Das Zimmer des Chemikers war noch schwach erhellt von dem Schimmer der verlöschenden Lampe; ein geisterhaftes Schweigen war auf das Klopfen und die Stimme draußen gefolgt; nichts war vernehmbar als dann und wann ein schwaches Geräusch in der ausgebrannten Asche des Feuers, als ob es seinen letzten Atemzug tue. Vor dem Kamin auf der Erde lag der Junge in festem Schlummer. Auf seinem Stuhl saß der Chemiker, wie er dort gesessen hatte, seit das Rufen an der Tür verklungen war.

Da ertönte von neuem die Weihnachtsmusik, die er schon einmal vernommen hatte. Er horchte erst, wie er auf dem Friedhof gehorcht; aber bald — sie klang noch fort und wurde zu ihm getragen auf der Nachtluft in leiser, sanfter, melancholischer Melodie — stand er

95

auf und streckte seine Hände aus, als ob ein Freund ihm nahe, dem seine unselige Berührung keinen Schaden tun konnte. Als er das tat, wurden seine Züge weniger starr; ein schwaches Zittern befiel ihn, und endlich füllten sich seine Augen mit Tränen; er verhüllte sein Gesicht mit den Händen und ließ das Haupt auf die Brust sinken.

Seine Erinnerung an Kummer, Kränkung und Sorge war ihm nicht wiedergeschenkt; er wußte es und schmeichelte sich nicht mit dem Glauben oder der Hoffnung, daß er sie wiederhabe. Aber eine leise Regung in seinem Innern machte ihn wieder fähig, von dem, was in der fernen Musik lag, gerührt zu werden. Und wenn sie ihm auch bloß traurig von dem Wert dessen, was er verloren hatte, erzählte, so pries er doch den Himmel dafür in heißer Dankbarkeit.

Als der letzte Ton in seinen Ohren verklang, hob er den Kopf, um auf das langsame Verklingen der Musik zu lauschen. Hinter dem Jungen, so daß die schlafende Gestalt ihm zu Füßen lag, stand das Gespenst, die Augen starr auf ihn geheftet.

Es sah noch so grauenerregend aus wie immer, aber nicht mehr so grausam und erbarmungslos – so dachte oder hoffte er wenigstens, wie er es zitternd ansah. Es war nicht allein, sondern hielt in seiner Hand eine andere Hand.

Und wessen Hand war das? War die Gestalt neben dem Gespenst wirklich Milly oder bloß ihr Schatten und ihr Scheinbild? Das Köpfchen mit dem stillen Antlitz war ein wenig auf die Seite geneigt, wie es ihre Art war, und ihre Augen sahen voller Mitleid auf das schlummernde Kind herab. Ein strahlender Schimmer fiel auf ihr Gesicht, berührte aber das Gespenst nicht; denn obgleich es dicht neben ihr stand, blieb es doch so glanz- und farblos wie zuvor.

„Gespenst!" sagte der Chemiker, von diesem Anblick neu beunruhigt, „ich bin gegen sie weder hartnäckig noch vorwitzig gewesen. Oh bringe sie nicht hierher! Erspare mir das!"

„Dies hier ist bloß ein Schattenbild", sagte das Gespenst; „wenn der Tag anbricht, suche die Wirklichkeit dieses Bildes auf."

„Ist das mein unvermeidliches Los?" rief der Chemiker.

„Ja", entgegnete das Gespenst.

„Um ihren Frieden und ihre Herzensgüte zu vernichten; um sie zu dem zu machen, was ich bin und was ich aus anderen gemacht habe?"

„Ich habe gesagt: Suche sie auf!" gab das Gespenst zurück.

„Sag mir", rief Redlaw aus, sich an die Hoffnung klammernd, die in diesen Worten verborgen zu liegen schien, „kann ich ungeschehen machen, was ich getan habe?"

„Nein", entgegnete das Gespenst.

„Ich verlange es nicht für mich", sagte Redlaw. „Was ich hingegeben habe, gab ich aus freiem Willen hin, und ich habe mich über seinen Verlust nicht zu beklagen. Aber für die, die ich mit der unseligen Gabe angesteckt habe, die nie danach verlangten, die, ohne es zu wissen, von einem Fluch getroffen wurden, den sie nicht ahnten und den zu vermeiden sie nicht die Macht hatten — kann ich für diese nichts tun?"

„Nichts!" sagte das Gespenst.

„Auch kein anderer?"

Unbeweglich wie ein Steinbild hielt das Gespenst

97

eine Zeitlang seine Augen fest auf ihn gerichtet; dann wandte es plötzlich das Haupt und sah den Schatten neben sich an.

„Oh! Kann sie es tun?" rief Redlaw.

Das Gespenst ließ die Hand los, die es bis jetzt festgehalten, und winkte der Erscheinung zu verschwinden. Alsbald begann der Schatten, immer noch in der alten Stellung verharrend, in Luft zu zergehen.

„Halt!" rief Redlaw mit einem Ernst, dem er kaum genug Ausdruck geben konnte. „Nur einen Augenblick! Um des Himmels Barmherzigkeit willen! Ich fühlte eine Veränderung über mich kommen, als der Wind vorhin jene Klänge herübertrug. Sage, habe ich die Macht verloren, ihr Böses zuzufügen? Kann ich mich ihr ohne Scheu nähern? Oh, laß sie mir nur ein Zeichen der Hoffnung geben!"

Das Gespenst blickte das Schattenbild an wie er — nicht ihn — und gab keine Antwort.

„Wenigstens sage mir das eine: Besitzt sie bewußt eine Macht, das wieder gutzumachen, was ich verdorben habe?"

„Nein", erwiderte das Gespenst.

„Hat sie die Macht, ohne es zu wissen?"

Das Gespenst antwortete: „Suche sie auf!" Und ihr Schatten verschwand langsam.

Sie standen sich wieder gegenüber und sahen einander an, mit demselben gespannten und grauenerfüllten Blick wie damals, als er die Gabe erhielt. Der Junge lag zwischen ihnen zu Füßen des Gespensts.

„Schrecklicher Lehrer!" sagte der Chemiker und sank vor dem Geist flehend auf die Knie, „der sich von mir losgesagt hat, aber mich wieder heimsucht (und ich sehe darin und in diesem milderen Antlitz nur zu gern einen Schimmer von Hoffnung), ich will dir, ohne zu fragen, gehorchen. Mein einziges Flehen ist, daß der Ruf, den ich in der Angst meines Herzens ausgestoßen, erhört werden möge zum Besten derer, denen ich Unwiederbringliches genommen habe. Aber eines liegt mir noch auf dem Herzen – "

„Du sprichst von dem Wesen, das hier liegt", unterbrach ihn der Geist und wies auf den Jungen zu seinen Füßen.

„Ja", erwiderte der Chemiker. „Du weißt, was ich sagen wollte. Warum blieb dieses Kind allein meinem Einfluß unzugänglich, und warum habe ich in seinen Gedanken eine schreckliche Übereinstimmung mit meinen eigenen entdeckt?"

„Dies", sagte das Gespenst und wies auf den Jungen, „ist das letzte und vollständigste Beispiel eines menschlichen Wesens, ganz entblößt von solchen Erinnerungen, wie du sie aufgegeben hast. Keine besänftigende Erinnerung an Kummer, Kränkung oder Sorge wohnt hier, weil dieses unglückliche Menschenkind, von Anfang an, verlassen aufgewachsen ist wie ein Tier. In seinem Gemüt lebt nichts, was den Keim einer solchen Erinnerung zum Sprießen bringen könnte und wodurch der Mensch erst zum Menschen wird. In diesem verlassenen Geschöpf ist alles öde Wüste. In dem Menschen, dem alles das geraubt ist, was du aufgegeben hast, ist dieselbe öde Wüste. Wehe solch einem Menschen! Wehe, zehnfaches Wehe dem Volk, das Geschöpfe wie dieses unglückliche Kind hier nach Hunderten und Tausenden zählt!"

Entsetzt schauerte Redlaw zusammen.

„Alle diese Geschöpfe", sagte das Gespenst, „streuen Saaten aus, die die Menschheit ernten muß. Aus jedem Keim des Bösen in diesem Jungen wächst

99

eine Aussaat des Verderbens, die dereinst geerntet und aufgespeichert und wieder ausgesät wird an vielen Stellen der Welt, bis ganze Länder so voller Elend sind, daß eine zweite Flut kommen wird. Offenkundiger und unbestrafter Mord, täglich geduldet in den Straßen einer Stadt, wäre weniger verderblich als solch ein Anblick."

Der Geist schien auf den schlummernden Jungen hinabzublicken. Redlaw sah ihn jetzt ebenfalls mit einem ganz neuen Gefühl an.

„Jeder Vater", sagte das Gespenst, „an dem diese Geschöpfe bei Tag oder bei Nacht vorüberschweifen; jede Mutter unter den vielen liebenden Müttern dieses Landes; jeder, der hinaus ist über die Jahre der Kindheit — alle sind sie in ihrer Weise verantwortlich für diese Greuel. Es gibt kein Land auf der Erde, das eine solche Schuld nicht mit einem Fluch belasten würde."

Der Chemiker schlug die Hände zusammen und blickte vor Bangen und Mitleid zitternd von dem schlummernden Jungen zu dem Gespenst, das mit abwärts deutendem Finger vor ihm stand.

„Sieh hin", fuhr das Gespenst fort, „auf das vollständige Ebenbild dessen, was du sein wolltest. Deine Macht kann hier nichts bewirken, weil du aus dieses Kindes Brust nichts verbannen kannst. Seine Gedanken haben eine schreckliche Übereinstimmung mit den deinen, weil du herabgesunken warst zu seiner unnatürlichen Tiefe. Er ist das Erzeugnis der Gleichgültigkeit des Menschen, du legst Zeugnis ab von dessen Fürwitz. In beiden Fällen ist die wohltätige Absicht des Himmels vereitelt, und von den beiden Polen der geistigen Welt aus kommt ihr auf einem Punkt zusammen."

Der Chemiker beugte sich über den Jungen, deckte mit neuerwachtem Mitleid für ihn und für sich selbst den Schlummernden zu und fühlte sich nicht mehr von Abscheu oder Gleichgültigkeit gegen ihn erfüllt.

Jetzt wurde der Streif tief unten am Horizont heller, die Finsternis schwand, die Sonne stieg purpurglänzend empor, und die Schornsteine und Giebel des alten Gebäudes schimmerten in der klaren Morgenluft, die den Qualm und Dunst der Stadt in eine goldene Wolke verwandelte.

Die Tetterbys waren wach und munter. Mr. Tetterby nahm die Läden vor seinem Geschäft ab und enthüllte allmählich die Kostbarkeiten seines Schaufensters den gegen ihre Versuchung so abgehärteten Blicken des Jerusalemkollegs. Fünf kleine Tetterbys, deren zehn runde Augen sich von der Seife und dem Reiben röteten, hatten unter Mrs. Tetterbys Vorsitz die Tortur einer kalten Waschung in der Küche auszuhalten. Johnny, der sich stets mit großer Hast anziehen mußte, wenn Moloch in anspruchsvoller Laune war (und das war er eigentlich stets), wankte unter größeren Beschwerden als gewöhnlich mit seiner Last vor der Ladentür hin und her; denn Moloch war heute noch viel gewichtiger durch eine Unzahl von Schutzmitteln gegen die Kälte, die aus gestricktem wollenem Zeug bestanden und einen vollständigen Kettenpanzer mit Kopfstück und blauen Beinschienen bildeten.

Das Merkwürdigste an diesem Kind war, daß bei ihm die Zähne andauernd zum Durchbruch kamen. Ob sie niemals ganz kamen, oder ob sie nah dem Durchbruch wieder verschwanden, das ist nicht ganz klar; aber sicherlich waren ihrer schon zahllose zum Durchbruch gekommen.

Die Laune der kleinen Tetterbys hatte sich in ein paar Stunden erstaunlich verändert. Mr. und Mrs. Tetterby hatten sich nicht weniger verwandelt als ihre Sprößlinge. In der Regel waren sie uneigennützige, gutmütige, nachgiebige Leutchen, die, wenn es wenig gab (und das war ziemlich oft), dieses Wenige zufrieden und selbst großmütig teilten und großen Genuß an einer kleinen Schüssel hatten. Aber jetzt stritten sie sich nicht nur um Seife und Wasser, sondern auch um das Frühstück, das in Aussicht stand. Die Hand jedes kleinen Tetterbys war gegen die andern kleinen Tetterbys gerichtet; und selbst Johnnys Hand — die Hand des geduldigen, aufopfernden Johnny — erhob sich gegen den Säugling! Ja, als Mrs. Tetterby zufällig zur Tür trat, sahen ihre Augen, wie er sich eine schwache Stelle in dem Panzerkleid suchte und dem Kind einen Puff gab.

Mrs. Tetterby hatte ihn im Nu beim Kragen ins Zimmer geholt und ihm den Angriff mit Zinsen zurückgezahlt.

„Ach, Gott behüte das Kind!" sagte Mrs. Tetterby und schüttelte die Kleine mit einer Gereiztheit, die nicht gut zu diesem frommen Wunsch paßte. „Was fehlt ihm denn wieder?"

Da sie nichts entdecken konnte und auch das Schütteln die Sache nicht klarer machte, legte Mrs. Tetterby die Kleine in die Wiege, setzte sich mit übereinandergeschlagenen Armen daneben und schaukelte sie ärgerlich mit dem Fuß.

„Wie du dastehst, Dolf!" sagte Mrs. Tetterby zu ihrem Mann. „Warum machst du denn nichts?"

„Weil es mir einerlei ist, ob ich etwas mache oder nicht", entgegnete Mr. Tetterby.

„Mir ist es auch gleich", sagte Mrs. Tetterby.

„Ich kann darauf schwören, daß es mir auch ganz egal ist", sagte Mr. Tetterby.

„Du tätest besser, deine Zeitung zu lesen, statt gar nichts zu tun", sagte Mrs. Tetterby.

„Was gibt's in der Zeitung zu lesen?" entgegnete Mr. Tetterby mürrisch.

„Was?" sagte Mrs. Tetterby. „Den Polizeibericht."

„Kümmert mich nicht", sagte Mr. Tetterby. „Was geht es mich an, was andere Leute tun oder was ihnen widerfährt!"

„Selbstmorde", sagte Mrs. Tetterby.

„Gehen mich nichts an", gab ihr Gatte zur Antwort.

„Geburten, Sterbefälle und Heiraten, gehen die dich auch nichts an?" fragte Mrs. Tetterby.

„Wenn es mit den Geburten von heute an vorbei wäre und die Sterbefälle mit heute anfingen, so sehe ich nicht ein, warum es mich kümmern sollte, ehe daran zu denken ist, daß die Reihe an mich kommt", brummte Tetterby. „Was das Heiraten betrifft, so habe ich es selbst versucht. Davon weiß ich genug."

Nach dem unzufriedenen Ausdruck ihres Gesichts zu urteilen, schien Mrs. Tetterby ganz derselben Meinung zu sein wie ihr Mann; aber sie widersprach ihm doch um der Freude willen, sich mit ihm zu zanken.

„Wie alt und schäbig er aussieht", sagte Mrs. Tetterby. „Ich habe noch bei keinem Menschen eine so rasche Veränderung gesehen. Ach Gott! Es war ein Opfer."

„Was war ein Opfer?" fragte ihr Gatte mürrisch.

„Wenn du meinst, deine Heirat wäre ein Opfer gewesen, Frau — "

„Das meine ich", erwiderte die Frau. .

„Nun dann will ich dir sagen", fuhr Mr. Tetterby so unwirsch wie sie fort, „daß die Sache zwei Seiten hat, und daß ich das Opfer war, und daß ich wünschte, das Opfer wäre gar nicht angenommen worden."

„Ich wollte, ich hätte es nicht getan, Tetterby, ich versichere dir das von ganzem Herzen und von ganzer Seele", erwiderte die Frau. „Du kannst es nicht mehr wünschen als ich, Tetterby."

„Ich weiß gar nicht, was ich an ihr gesehen habe", brummte der Zeitungsmann, „wahrhaftig; soviel steht aber fest, wenn ich etwas sah, so ist es nicht mehr vorhanden. Ich dachte gestern abend nach dem Essen daran. Sie wird dick und alt und hält keinen Vergleich mit den meisten anderen Frauen aus."

„Er sieht nach gar nichts aus, er ist klein, er bekommt einen krummen Rücken und eine Glatze", brummte Mrs. Tetterby.

„Ich kann nicht bei Verstand gewesen sein, anders ist es nicht zu erklären", meinte Mrs. Tetterby.

In dieser Stimmung setzten sie sich zum Frühstück hin.

„Diese Kinder werden noch mein Tod sein!" sagte Mrs. Tetterby. „Und je eher das geschieht, desto besser."

„Arme Leute sollten gar keine Kinder haben", meinte Mr. Tetterby; „sie machen ihnen kein Vergnügen."

Er ergriff eben die Tasse, die Mrs. Tetterby ihm mürrisch hingeschoben hatte, und sie wollte ihre Tasse eben an den Mund setzen, als beide wie verzaubert reglos sitzenblieben.

„Mutter! Vater!" rief Johnny, ins Zimmer stürzend. „Mrs. William kommt die Straße herauf!"

Und wenn jemals seit Erschaffung der Welt ein Junge ein kleines Kind mit der Sorgfalt einer erfahrenen Amme aus der Wiege nahm und es zärtlich beruhigte und fröhlich mit ihm hinauswankte, so war Johnny dieser Knabe, und Moloch war dieses Kind, das er jetzt hinaustrug.

Mr. Tetterby setzte seine Tasse ab, Mrs. Tetterby setzte ihre Tasse ab. Mr. Tetterby rieb sich die Stirn; Mrs. Tetterby tat desgleichen. Mr. Tetterbys Gesicht begann sich zu entspannen und einen freundlichen Ausdruck anzunehmen; mit Mrs. Tetterbys Antlitz ging dieselbe Veränderung vor.

„Gott verzeih mir's", sprach Mr. Tetterby zu sich selbst, „was war das bloß für eine schlechte Laune? Was ist nur hier vorgegangen?"

„Wie konnte ich nach allem, was ich gestern abend sagte und fühlte, nur so schlecht gegen ihn sein!" schluchzte Mrs. Tetterby.

„Ich bin doch ein Mensch, an dem kein gutes Haar ist", sagte Mr. Tetterby. „Sophia! Mein kleines Frauchen!"

„Lieber Dolphus!" gab seine Frau zurück.

„Ich — ich bin in einer schlimmen Laune gewesen", sagte Mr. Tetterby, „daß ich gar nicht daran denken kann, Sophy."

„Ach, das ist gar nichts gegen das, was ich gewesen bin, Dolf!" rief seine Frau unter hellen Tränen aus.

„Sophia", sagte Mr. Tetterby, „nimm es dir nicht so zu Herzen. Ich kann mir's nicht verzeihen. Es muß dir fast das Herz gebrochen haben, ich weiß es."

„Nein, Dolf, nein. Ich war's! Ich!" rief Mrs. Tetterby.

„Mein kleines Frauchen", sagte ihr Mann, „bitte, beruhige dich. Es ist für mich der schrecklichste Vorwurf, wenn du dich so edel benimmst. Liebe Sophia, du weißt gar nicht, was ich gedacht habe. Ich habe mich gewiß schlimm genug gezeigt; aber was ich dachte, mein kleines Frauchen! — "

106

„Ach, lieber Dolf, bitte! Erzähle es nicht!" bat seine Frau.

„Sophia", sagte Mr. Tetterby, „ich muß es sagen. Mein Gewissen könnte sich nicht beruhigen, wenn ich es nicht erzählte. Mein kleines Frauchen – "

„Hurra! Da ist Mrs. William!" rief Johnny.

Sie war da und alle Kinder mit ihr, und wie sie eintrat, da küßten sie sie und küßten sich untereinander und küßten das Kleinste und küßten Vater und Mutter und umtanzten dann wieder die Angekommene. Mr. und Mrs. Tetterby blieben in der Wärme ihres Empfangs nicht zurück. Sie fühlten sich ebensosehr zu ihr hingezogen wie die Kinder. Sie eilten ihr entgegen, und konnten ihr Entzücken gar nicht genug zeigen. Sie trat unter sie wie der Engel der Güte und Liebe, wie der Geist des zärtlichen Familiensinnes und der trauten Häuslichkeit.

„Ich war noch niemals so gerührt wie heute morgen", sagte Milly. „Ich muß es Ihnen erzählen, sobald ich zu Wort komme. Mr. Redlaw kam bei Sonnenaufgang zu mir und bat mich so zärtlich, als ob ich seine Lieblingstochter wäre, mit ihm zu dem Haus zu gehen, wo Williams Bruder George krank im Bett liegt. Ich begleitete ihn, und unterwegs war er so gütig und so sanft und schien so viel Vertrauen und Hoffnung in mich zu setzen, daß ich vor Freude weinen mußte. Als wir in dem Haus angekommen waren, begegnete uns in der Tür ein Weib (ich fürchte, jemand hatte es geschlagen und verletzt), das im Vorbeigehen meine Hand ergriff und Gottes Segen wünschte."

„Sie hatte recht!" sagte Mr. Tetterby. Mrs. Tetterby sagte: „Sie hatte recht." Alle Kinder riefen: „Sie hatte recht."

„Ach, es ist aber noch mehr zu erzählen", sagte

Milly. „Als wir in das Zimmer des Kranken traten, der seit Stunden in Ohnmacht dagelegen hatte, da richtete er sich in seinem Bett auf, brach in Tränen aus und sagte, er habe ein schlechtes Leben geführt, aber er bereue es jetzt aufrichtig, und die Vergangenheit liege vor ihm wie eine große Landschaft, vor der eine dichte schwarze Wolke weggenommen sei; und er bat mich, seinen armen alten Vater um Verzeihung und um seinen Segen zu bitten und neben seinem Bett ein Gebet zu sprechen. Und als ich das tat, stimmte Mr. Redlaw ein und dankte mir und dem Himmel so innig, daß ich bloß hätte schluchzen und weinen können, wenn mich der Kranke nicht gebeten hätte, ich möchte mich neben ihn setzen, was mich natürlich ruhiger machte. Als ich neben ihm saß, hielt er meine Hand fest, bis er in Schlummer versank, und selbst dann, als ich ihm meine Hand entzog, um hierherzugehen (worauf Mr. Redlaw sehr drang), suchte er sie, so daß jemand anders sich an meine Stelle setzen und ihm die Hand geben mußte, damit er glaubte, ich sei noch da. Ach Gott, ach Gott!" sagte Milly schluchzend, „wie dankbar und beglückt ich mich durch das alles fühle!"

Während sie noch sprach, war Redlaw eingetreten, und nachdem er einen Augenblick die Gruppe betrachtet hatte, war er stillschweigend die Treppe hinaufgegangen. Jetzt erschien er wieder auf der Treppe; aber er blieb oben, während der junge Student an ihm vorbei ins Zimmer hinablief.

„Gütige Pflegerin, sanftestes, bestes aller Wesen!" rief er aus, indem er ihre Hand ergriff, „verzeihen Sie mir meine hartherzige Undankbarkeit!"

„Oh Gott, oh Gott!" rief Milly mit naivem Erstaunen, „hier ist wieder einer! Oh Gott, hier ist wieder jemand, der mich gern hat! Was soll ich nur anfangen?"

„Ich war nicht mehr ich selbst", sagte er. „Ich weiß nicht, was es war − es war vielleicht eine Folge meiner Krankheit − ich war wahnsinnig. Aber ich bin es jetzt nicht mehr. Ich hörte von den Kindern Ihren Namen rufen, und der trübe Schatten wich schon bei dem bloßen Klang von mir. Oh, weinen Sie nicht! Teuerste Milly, wenn Sie in meinem Herzen lesen könnten und wüßten, wie sehr es von Liebe und dankbarer Verehrung glüht, so würden Sie mich nicht Ihre Tränen sehen lassen."

„Nein, nein!" sagte Milly, „das ist es nicht, das ist es nicht! Es ist lauter Freude! Es ist Verwunderung, daß Sie es für notwendig halten sollten, mich wegen einer solchen Kleinigkeit um Verzeihung zu bitten, und dennoch Freude, daß Sie es tun."

„Und wollen Sie mich wieder besuchen und wollen Sie den kleinen Vorhang fertigmachen?"

„Nein!" sagte Milly, indem sie sich die Augen trocknete und den Kopf schüttelte. „Jetzt wird Ihnen meine Näherei gleichgültig sein."

„Heißt das verzeihen?" sagte er.

Sie winkte ihm und flüsterte ihm ins Ohr:

„Es ist Nachricht von Zuhause da, Mr. Edmund."

„Nachricht? Wieso?"

„Entweder das Ausbleiben Ihrer Briefe, als Sie krank waren, oder die Veränderung Ihrer Handschrift, als Sie zu genesen anfingen, hat die Leute dort die Wahrheit ahnen lassen. Sei dem, wie ihm wolle − aber sind Sie sicher, daß Sie eine Nachricht ohne zu große Erschütterung ertragen können, obwohl es durchaus keine schlechte Nachricht ist?"

„Gewiß."

„Nun denn — es ist jemand angekommen!" sagte Milly.

„Meine Mutter?" fragte der Student und sah sich unwillkürlich nach Mr. Redlaw um, der die Treppe herabgestiegen war.

„Still! Nein!" sagte Milly.

„Es kann niemand anders sein."

„Wirklich", sagte Milly, „sind Sie dessen sicher?"

„Es ist doch nicht — " Ehe er aussprechen konnte, legte sie ihre Hand auf seinen Mund.

„Ja, es ist so!" sagte Milly. „Die junge Dame (sie ist dem Miniaturbild sehr ähnlich, Mr. Edmund, aber hübscher) hielt es in der Ungewißheit nicht mehr aus, und so traf sie gestern abend in Begleitung ein. Da Sie Ihre Briefe stets von dem Kolleg aus adressierten, so kam sie dorthin, und ich sah sie, bevor ich heute früh zu Mr. Redlaw ging. — Sie hat mich auch gern", sagte Milly. „Oh Gott, da ist wieder eine!"

„Heute früh? Und wo ist sie jetzt?"

„Jetzt", sagte Milly, ihm ins Ohr flüsternd, „ist sie in einem Stübchen in der Pförtnerwohnung und erwartet Sie dort."

Er drückte ihr die Hand und wollte forteilen, aber sie hielt ihn zurück.

„Mr. Redlaw ist sehr verändert und sagte mir heute morgen, daß sein Gedächtnis gelitten hätte. Seien Sie recht rücksichtsvoll zu ihm, Mr. Edmund; wir müssen es alle zu ihm sein."

Der Jüngling gab ihr durch einen Blick zu verstehen, daß er ihre Warnung beachten würde, und als er beim Fortgehen an Mr. Redlaw vorbeikam, verbeugte er sich respektvoll und mit offenbarer Teilnahme vor ihm.

Mr. Redlaw erwiderte den Gruß höflich und sah dem Jüngling nach. Dann ließ er den Kopf in die Hand sinken, als ob er sich auf etwas, was ihm entschwunden war, zu besinnen versuchte. Aber es kam nicht wieder.

Die dauernde Veränderung, die seit den Klängen der nächtlichen Musik und dem Wiedererscheinen des Geistes in ihm vorgegangen war, bestand darin, daß er jetzt wirklich fühlte, wieviel er verloren hatte. Er konnte jetzt seine eigene Lage bemitleiden und sie mit dem natürlichen Zustand der Personen seiner Umgebung vergleichen. Daraus entstand eine neue Teilnahme an den Menschen seiner Umgebung und ein bescheidenes, ergebungsvolles Bewußtsein seines Unglücks, dem ähnlich, das manchmal dem Alter eigen ist, wenn seine geistigen Kräfte geschwächt sind, ohne daß zu der langen Reihe seiner Schwächen Gefühllosigkeit oder mürrisches Wesen kommt.

Er fühlte auch, daß, je mehr er durch Milly von dem Schaden, den er angerichtet, wieder gutmachte und je mehr er mit ihr zusammen war, diese Veränderung desto vollständiger wurde. Deshalb und infolge der Zuneigung, die sie ihm einflößte, die aber von keiner anderen Hoffnung begleitet war, fühlte er, daß er ganz abhängig von ihr war und daß sie ihm die einzige Stütze in seinem Unglück sei.

Als sie ihn daher jetzt fragte, ob sie nun nach Hause gehen wollten, und er bereitwillig ja sagte — denn das lag ihm sehr am Herzen —, bot er ihr seinen Arm und ging neben ihr her; nicht als ob er der weise und gelehrte Mann wäre, dem die Wunder der Natur wie ein offenes Buch waren, und sie der ungeschulte Geist, sondern als ob dieses Verhältnis umgekehrt wäre und sie alles wüßte und er gar nichts.

Als sie in der Pförtnerwohnung ankamen, saß der Alte, die Augen starr auf den Boden gerichtet, auf seinem Stuhl in der Kaminecke und sein Sohn stand, an die andere Seite des Kamins gelehnt, ihm gegenüber und sah ihn an. Wie sie zur Tür hereintrat, fuhren beide empor und sahen sich nach ihr um, und Heiterkeit verbreitete sich über ihre vorher verdrossenen Gesichter.

„Oh Gott, oh Gott! Auch sie sehen mich gern, wie die anderen!" rief Milly, indem sie ihre Hände zusammenschlug und stehenblieb. „Da sind wieder zwei!"

Gern sehen! Das war kein Ausdruck für ihre Freude. Sie eilte in die Arme ihres Gatten, die sich ihr entgegenstreckten, und er hätte sie dort gern den ganzen Tag ruhen lassen. Aber der Alte konnte sie nicht entbehren. Auch er breitete seine Arme aus und schloß sie ans Herz.

„Wo ist nur mein kleines Mäuschen die ganze Zeit über gewesen?" sagte der Alte. „Sie ist lange, lange weggeblieben. Ich sehe jetzt wohl, ich kann ohne Mäuschen nicht auskommen. Ich — wo ist mein Sohn William? — ich glaube, ich habe geträumt, William."

„Das sage ich auch, Vater", erwiderte der Sohn. „Ich habe auch einen bösen Traum gehabt, wahrhaftig. — Wie geht's Euch, Vater? Gut?"

„Frisch und munter, mein Sohn!" gab der Alte zurück.

„Was für ein wunderbarer Mann Ihr seid, Vater! — Wie geht's Euch, Vater? Wirklich frisch und munter?" sagte William und schüttelte ihm wieder die Hand und klopfte wieder auf seinen Rücken.

„Ich habe mich nie in meinem Leben besser gefühlt, mein Sohn."

„Was für ein wunderbarer Mann Ihr seid, Vater!

Aber so gehört es sich auch", sagte Mr. William mit Begeisterung. „Wenn ich bedenke, was mein Vater alles durchgemacht hat und wie viele Sorgen und Mühen ihm in seinem langen Leben widerfahren sind und sein Haar grau gemacht haben, so ist mir's, als wenn wir nicht genug tun könnten, um dem alten Herrn das Leben schön zu machen."

Mr. William hätte vielleicht nie wieder aufgehört, wenn der Alte nicht jetzt den Chemiker erblickt hätte.

„Ich bitte um Verzeihung, Mr. Redlaw", sagte Philip, „aber ich wußte nicht, daß Sie hier waren, Sir, sonst hätte ich mir nicht soviel herausgenommen. Ihr Besuch an dem heutigen Christmorgen, Mr. Redlaw, erinnert mich an die Zeit, wo Sie selbst Student waren und so angestrengt arbeiteten, daß Sie selbst in der Weihnachtszeit nicht aus unserer Bibliothek herauskamen. Haha! Ich bin alt genug, um mich daran zu erinnern, und ich erinnere mich dessen recht deutlich, obgleich ich siebenundachtzig bin. Erst als Sie von hier weggezogen waren, starb meine Frau. Erinnern Sie sich noch an meine Frau, Mr. Redlaw?"

Der Chemiker antwortete ja.

„Ja", sagte der Alte, „sie war eine gute Frau. − Ich erinnere mich noch, wie Sie an einem Christmorgen mit einer jungen Dame herkamen − ich bitte um Verzeihung, Mr. Redlaw, aber ich glaube, es war eine Schwester, die Sie sehr liebten?"

Der Chemiker sah ihn an und schüttelte den Kopf.

„Ich hatte eine Schwester", sagte er gleichgültig. Weiter wußte er nichts.

„An einem Christmorgen", fuhr der Alte fort, „kamen Sie mit ihr hier vorbei und es fing an zu schneien, und meine Frau lud die junge Dame ein, einzutreten

114

und sich an das Feuer zu setzen, das am Christtag immer in dem ehemaligen großen Speisesaal brennt. Ich war dort, und ich entsinne mich noch, als ich das Feuer schürte, damit die junge Dame ihre hübschen Füßchen daran wärmen könnte, las sie die Schrift unter dem Bild: ‚Herr, erhalte mein Gedächtnis frisch!' Sie und meine verstorbene Frau fingen an, darüber zu sprechen und es ist seltsam, wenn man jetzt daran denkt, daß beide sagten, daß es ein schönes Gebet sei und daß sie es auch für die, die sie am liebsten hätten, zu Gott schicken wollten, wenn sie früh sterben sollten. ‚Mein Bruder', sagte die junge Dame — ‚mein Mann', sagte meine verstorbene Frau — ‚Herr, erhalte mein Gedächtnis in ihm frisch und laß mich nicht vergessen werden!"

„Philip!" sagte Mr. Redlaw, die Hand auf seinen Arm legend, „ich bin ein Unglücklicher, den die Hand der Vorsehung schwer, wenn auch verdient, getroffen hat. Ihr sprecht von etwas, Freund, was ich nicht mehr begreifen kann, die Erinnerung ist mir entschwunden."

„Gütiger Himmel!'" sagte der Alte.

„Ich habe die Erinnerung an Kummer, Kränkung und Sorge verloren", sagte der Chemiker, „und damit alles, was dem Menschen des Erinnerns wert ist."

Wer des alten Philip Mitleid sah, wer mit ansah, wie er ihm seinen eigenen großen Lehnstuhl hinschob, und wie er auf ihn hinabblickte, mit einem tiefen Gefühl für das, was ihm genommen war, dem konnte eine Ahnung aufgehen, wie teuer dem Greis solche Erinnerungen sind.

Der Junge kam hereingelaufen und eilte auf Milly zu.

„Hier ist der Mann", sagte er, „in dem anderen Zimmer. Ich mag ihn nicht."

115

„Wen meint er?" fragte Mr. William.

„Still!" sagte Milly.

Einem Wink von ihr gehorchend, entfernten er und sein alter Vater sich leise. Als sie unbemerkt hinausgingen, winkte Redlaw den Jungen zu sich.

„Ich will lieber bei der Frau bleiben", antwortete er und klammerte sich an ihr Kleid.

„Du hast recht", sagte Redlaw mit einem trüben Lächeln. „Aber du brauchst dich nicht vor mir zu fürchten. Ich bin sanfter als vorhin. Vor allem gegen dich, armes Kind."

Der Junge hielt sich anfangs schüchtern fern; aber allmählich gab er Millys Drängen nach, so daß er sich endlich näher wagte und sich sogar zu seinen Füßen niedersetzte. Als Redlaw die Hand auf die Schulter des Jungen legte und ihn mit Teilnahme und Brudergefühl ansah, streckte er die andere Hand Milly entgegen. Sie beugte sich zu ihm hinab, so daß sie ihm ins Gesicht sehen konnte, und sagte nach einer Pause:

„Mr. Redlaw, darf ich sprechen?"

„Ja", erwiderte er und blickte sie an. „Ihre Stimme klingt wie Musik in meinen Ohren."

„Darf ich Sie um etwas bitten?"

„Um was Sie wollen."

„Erinnern Sie sich noch an das, was ich gestern, als ich an die Tür klopfte, sagte? Von einem der früher Ihr Freund war und jetzt am Rande des Abgrunds steht?"

„Ja. Ich entsinne mich", sagte er zögernd.

„Verstehen Sie es jetzt?"

Er strich dem Jungen das Haar glatt — sah sie eine Weile starr an — und schüttelte den Kopf.

„Diesen Mann", sagte Milly mit ihrer klaren, weichen Stimme, die der Blick ihrer sanften Augen noch klarer und weicher machte, „sah ich bald darauf. Ich kehrte zurück zum Haus und fand ihn mit Gottes Hilfe. Es war nicht zu früh. Ein wenig später, und es wäre schon zu spät gewesen."

Er zog seine Hand von dem Kopf des Jungen zurück, legte sie auf die ihrige, deren schüchterne und doch herzliche Berührung ihm nicht weniger zu Herzen ging als ihre Stimme und ihre Augen, und sah sie aufmerksam an.

„Er ist der Vater Mr. Edmunds, des jungen Herrn, den wir vorhin sahen. Sein wirklicher Name ist Longford. — Sie erinnern sich?"

„Ich erinnere mich."

„Und an den Mann?"

„Nein, nicht an den Mann. Hat er mir jemals unrecht getan?"

„Ja!"

„Ah! Dann ist keine Hoffnung — keine Hoffnung."

Er schüttelte den Kopf und klopfte leise auf ihre Hand, als ob er mit stiller Gebärde um Bedauern bitte.

„Ich ging gestern abend nicht zu Mr. Edmund", sagte Milly. „Wollen Sie mich aber so anhören, als ob Sie sich alles zurückrufen könnten?"

„Jede Silbe, die Sie sagen."

„Teils weil ich damals noch nicht wußte, daß er wirklich sein Vater war, und teils weil ich die Wirkung fürchtete, die diese Nachricht, falls sie sich als richtig herausstellte, auf ihn haben mußte. Seit ich es sicher weiß, bin ich ebenfalls nicht hingegangen; aber aus einem anderen Grund. Er ist lange von seiner Frau und seinem Sohne getrennt gewesen — fast seit des Sohnes Kinderjahren, wie ich von ihm höre — und hat das verlassen, was ihm das Teuerste hätte sein sollen. Wäh-

117

rend der ganzen Zeit ist er immer tiefer gesunken, bis – "
sie stand hastig auf, ging einen Augenblick hinaus und
kehrte zurück, begleitet von dem Unbekannten, den
Redlaw in der vorhergehenden Nacht in der Spelunke
gesehen hatte.

„Kennen Sie mich?" fragte der Chemiker.

„Ich würde mich freuen", entgegnete der andere,
„und das ist ein ungewöhnliches Wort in meinem
Mund, wenn ich nein sagen könnte."

Der Chemiker sah den andern an, in dessen de-
mütiger Haltung sich das Gefühl seines tiefen Falls
aussprach, und würde ihn, vergeblich nach einer
Erinnerung suchend, noch länger betrachtet haben,
wenn nicht Milly wieder ihre frühere Stellung einge-
nommen und seinen Blick auf ihr Gesicht gelenkt hätte.

„Sehen Sie doch, wie tief er gesunken ist!" flüsterte
sie und streckte den Arm nach dem Unbekannten aus,
ohne den Blick von dem Gesicht des Chemikers abzu-
wenden. „Wenn Sie sich auf alles besinnen könnten,
was sich an ihn knüpft, glauben Sie nicht, daß es Ihr
Mitleid erregen würde, wenn es mit einem, den Sie liebten (gleichgültig, wie lange es her ist oder wie er die Liebe verscherzt hat), dahin gekommen ist?"

„Ich hoffe, ja", antwortete er. „Ich glaube, es würde mir leid tun."

„Ich habe kein Wissen und Sie davon so viel", sagte Milly; „ich bin nicht gewohnt zu denken, und Sie
denken immer. Darf ich Ihnen sagen, warum es mir gut
zu sein scheint, wenn wir uns an das Unrecht erinnern,
das uns widerfahren ist?"

„Ja!"

„Damit wir es vergeben können."

„Verzeih mir, großer Gott", sagte Redlaw, „daß ich dein eigenes Vorrecht verschmäht habe!"

„Und wenn", fuhr Milly fort, „wenn Ihnen Ihr Gedächtnis eines Tages wiedergegeben wird − und das hoffen wir alle − , wird es dann für Sie kein Segen sein, wenn Sie sich zugleich an das erlittene Unrecht und dessen Vergebung erinnern?"

Er sah zu der Gestalt an der Tür und heftete dann wieder seine aufmerksamen Augen auf sie; es war ihm, als ob ein Strahl helleren Lichts von ihrem Gesicht in seine Seele dringe.

„Er kann nicht wieder in sein Heim zurückkehren, das er selbst verlassen hat. Es verlangt ihn auch nicht dorthin zurück. Er weiß, daß er nur Schande und Sorge für die mitbringen würde, die er so grausam vernachlässigt hat, und daß er sein Unrecht jetzt am besten sühnen kann, wenn er sie meidet. Mit wenig Geld könnte er in eine ferne Stadt ziehen, wo er ruhig leben und durch einen makellosen Wandel das begangene Unrecht so weit wiedergutmachen könnte, wie es noch möglich ist. Für die unglückliche Dame, die seine Gattin ist, und für seinen Sohn wäre dies das beste und gütigste Geschenk, das ihnen ihr bester Freund machen könnte − ein Geschenk, von dem sie noch dazu nie etwas zu erfahren brauchten; und für ihn, dessen Ruf vernichtet, dessen Geist und Körper krank ist, wäre es die Rettung."

Er nahm ihr Haupt zwischen beide Hände, küßte sie auf die Stirn und sagte:

„Es soll geschehen. Ich überlasse es Ihnen, es für mich jetzt gleich und im Geheimen zu tun. Und sagen Sie ihm, daß ich ihm verzeihen würde, wenn ich so glücklich wäre, zu wissen, was ich zu verzeihen hätte."

119

Als sie aufstand und sich mit strahlendem Gesicht an den Unglücklichen wandte, ihm damit zu erkennen gebend, daß ihre Bitte erfüllt werden würde, trat er einen Schritt vor und redete, ohne den Blick zu erheben, Redlaw an.

„Sie sind so großmütig", sagte er, „ – Sie waren es immer – , daß Sie versuchen werden, die aufkeimende Empfindung der Vergeltung bei dem Anblick, den Sie vor sich haben, in sich zu unterdrücken. Ich versuche es nicht, sie in mir selbst zu unterdrücken, Redlaw. Wenn Sie können, glauben Sie es mir."

Der Chemiker bat Milly, näher heranzutreten. Während er zuhörte, sah er ihr ins Gesicht, als hoffe er, dort einen Schlüssel zu dem zu finden, was er vernahm.

„Ich bin zu tief gefallen, um Bekenntnisse zu machen. Ich erinnere mich meines Lebens zu gut, um damit vor Sie zu treten. Aber von dem Tag an, wo ich Sie hinterging, bin ich tiefer und tiefer gesunken, unaufhaltsam und wie unter einem Verhängnis. Das wollte ich sagen."

Redlaw wandte sein Gesicht, in dem sich jetzt Kummer und etwas wie schmerzliche Erinnerung ausdrückte, dem Sprecher zu. Dabei hielt er Milly fest an seiner Seite.

„Ich hätte ein anderer Mensch sein und ein anderes Leben führen können, wenn ich diesen ersten verhängnisvollen Schritt vermieden hätte. Ob es so gekommen wäre, weiß ich nicht. Ich rechne mir dies nicht zugute. Ihre Schwester ruht in Frieden, und sie ist dort besser aufgehoben als bei mir, selbst wenn ich so geblieben wäre, wie Sie mich kannten und wie ich mich selbst sah."

Er wandte sich der Tür zu, blieb aber noch einmal stehen.

„Ich hoffe, Sie werden meinem Sohn Ihre Teilnahme schenken um seiner Mutter willen, und ich hoffe, er wird sie verdienen. Ich werde ihn nie wiedersehen, es sei denn, daß mein Leben sehr lange währt und ich fühle, daß ich Ihre Unterstützung nicht mißbraucht habe."

Während er bereits in der Tür stand, sah er Redlaw zum erstenmal an. Der Chemiker, dessen starrer Blick auf ihn gerichtet war, streckte ihm halb bewußtlos die Hand entgegen. Er kehrte um, ergriff sie mit beiden Händen und schritt dann langsam über die Schwelle.

In den wenigen Augenblicken, die vergingen, während Milly ihn schweigend zur Gitterpforte führte, sank der Chemiker in den Lehnstuhl und bedeckte das Gesicht mit beiden Händen. Als sie, in Begleitung ihres Mannes und des Alten (die ihn beide innig bedauerten) zurückkehrend, das bemerkte, sorgte sie dafür, daß ihn niemand störe, und kniete nieder, um den Jungen in warme Kleider zu hüllen.

„So gehört sich's. Das sage ich immer, Vater!" rief ihr Gatte bewundernd aus. „Es lebt ein mütterliches Gefühl in Mrs. Williams Brust, das sich Luft machen will und muß."

„Ja, ja", sagte der Alte, „du hast recht. Mein Sohn William hat recht!"

„Es wendet sich noch zum besten, liebe Milly", sagte Mr. William, „daß wir selbst keine Kinder haben, und doch wünschte ich manchmal, daß es anders wäre. Der tote Kleine, auf den du solche Hoffnungen gesetzt und der niemals geatmet hat — das hat dich recht still gemacht, Milly."

„Ich bin glücklich in der Erinnerung daran, lieber William", gab sie zur Antwort. „Ich denke jeden Tag daran."

„Wenn ich an alle die Hoffnungen denke, die ich darauf setzte", fuhr sie fort, „und wie oft ich dasaß und mir an meiner Brust ein lächelndes Gesichtchen, das nie dort ruhte, und die lieblichen, mir zugewandten Augen, die sich nie dem Licht öffneten, vorstellte, dann flößen mir diese getäuschten Hoffnungen eine größere Teilnahme und Zärtlichkeit für andere ein. Wenn ich ein schönes Kind in den Armen einer glücklichen Mutter sehe, so liebe ich es umso mehr, wenn ich denke, daß mein Kind diesem wohl ähnlich gewesen wäre und mich vielleicht ebenso stolz und glücklich gemacht hätte."

„Es scheint mir für das ganze Leben eine Lehre zu geben", sprach sie weiter. „Für arme, verlassene Kinder fleht mein Kind, als ob es noch am Leben wäre und mit einer mir bekannten Stimme zu mir sprechen könnte. Wenn ich von Jugend in Krankheit oder Schande höre, so denke ich, daß es meinem Kind auch so hätte gehen können und daß es Gott in seiner Barmherzigkeit zu sich genommen hat."

Ihre gedämpfte Stimme wurde leiser, als sie den Arm ihres Gatten ergriff, ihren Kopf daran lehnte und fortfuhr:

„Kinder lieben mich so sehr, daß ich mir manchmal einbilde – es ist eine törichte Einbildung, William –, sie fühlten auf eine mir unbekannte Weise mit meinem kleinen Kind und mir und verstünden, warum mir ihre Liebe so kostbar ist. Wenn ich seit jener Zeit stiller bin, so war ich in mancher Art auch glücklicher, William. Nicht am wenigsten glücklich darin, daß selbst damals, als mein Kind erst wenige Tage geboren und gestorben und ich noch schwach und betrübt war und mich des Kummers nicht erwehren konnte, mir der Gedanke kam: ‚Wenn ich versuchte, ein tugendhaftes Leben zu führen, würde mir im Himmel ein Wesen entgegentreten, das mich Mutter nennen würde!'"

Redlaw sank mit einem lauten Aufschrei in die Knie.

„Oh Du", sagte er, „der Du mir durch die Lehre reiner Liebe das Gedächtnis wiedergegeben, das Gedächtnis des Erlösers und aller Guten, die für ihn gestorben sind, empfange meinen Dank und segne sie!"

Dann drückte er sie an sein Herz, und Milly rief, vor Freude schluchzend:

„Er hat sich wiedergefunden! Er hat mich auch sehr gern! Oh Gott, oh Gott, da ist wieder einer!"

Und jetzt trat der Student herein, an der Hand ein reizendes Mädchen führend, das sich fürchtete hereinzukommen. Redlaw, ihm gegenüber ganz verwandelt und in ihm und seiner jungen Verlobten eine Erinnerung an jene glücklichste Zeit seines Lebens sehend, bei der, wie bei einem schattigen Baum, die so lange in der einsamen Arche eingekerkerte Taube Ruhe und Gesellschaft finden konnte, fiel ihm um den Hals und bat sie, sich als seine Kinder zu betrachten.

Und da Weihnachten eine Zeit ist, wo vor allen anderen Zeiten im Jahr die Erinnerung an alle abstellbaren Kümmernisse und Kränkungen und Sorgen in der Welt um uns herum uns ebenso vor der Seele stehen sollte wie unsere eigene Erfahrung und uns zu hilfreicher Tat anspornen sollte, legte er seine Hand auf den Kopf des Jungen und gelobte, indem er stumm den zum Zeugen aufrief, der voreinst die Kindlein segnete und in der Erhabenheit seines prophetischen Wissens die schalt, die sie von ihm fernhalten wollten, ihn zu beschützen, zu unterrichten und zum Menschen zu machen.

Und dann reichte er seine Hand mit heiterem Gesicht Philip und sagte, daß sie heute ein Weihnachtsmahl einnehmen wollten in der Halle, die vor vielen Jahren, bevor die zehn armen Studenten mit Geld abgefunden worden waren, der große Speisesaal war. Dazu aber wollten sie so viele von der Familie Swidger — die nach der Aussage seines Sohnes so zahlreich war, daß sie sich die Hände reichen und einen Kreis um ganz England bilden konnten — einladen, wie in der kurzen Frist aufzutreiben waren.

Und so geschah es auch an jenem Tag. So viele Swidgers, junge und alte, waren da, daß ein Versuch, sie in runder Zahl anzugeben, bei mißtrauischen Leuten Zweifel an der Wahrhaftigkeit dieser Geschichte erregen könnte. Deshalb soll der Versuch unterbleiben. Aber sie waren da zu Dutzenden — und gute Nachricht und gute Hoffnung wartete ihrer für ihren Bruder George, den Vater und Bruder und Milly wieder besucht und in ruhigem Genesungsschlummer verlassen hatten. Auch die Tetterbys samt Adolphus junior, der in seinem regenbogenfarbenen Wollschal genau zum kalten Braten eintraf, waren anwesend. Johnny und das Wickelkind kamen natürlich zu spät und langten wankenden Schrittes an, der eine ganz erschöpft, das andere in einer Krisis angeblichen Zahnens; aber das war üblich und nicht weiter beunruhigend.

Ein betrüblicher Anblick war allein das Kind, das weder Vater noch Mutter kannte. Es sah den spielenden Kindern zu, wußte nicht, wie es mit ihnen reden und spielen sollte. Ein betrüblicher Anblick war es auch, obgleich in anderer Weise, zu sehen, wie selbst die kleinsten Kinder instinktmäßig fühlten, daß der Junge anders war als alle übrigen, und wie sie sich ihm

schüchtern näherten mit sanften Worten und kleinen Geschenken, damit er sich nicht unglücklich fühle. Aber er blieb bei Milly und fing an, sie zu lieben – „Schon wieder einer!" sagte sie –, und da sie alle die sanfte Frau liebten, so freuten sie sich darüber, und als sie ihn hinter ihrem Stuhl hervorgucken sahen, da war es ihnen lieb, daß er so dicht bei ihr war.

Das alles sahen der Chemiker, der neben dem Studenten und seiner Braut saß, Philip und die übrigen.

Einige haben erzählt, er habe nur gedacht, was hier berichtet worden; andere, er habe es an einem Winterabend um die Dämmerstunde im Feuer gelesen; andere, der Geist sei nur das Bild seiner trüben Gedanken und Milly die Verkörperung seines Gewissens. *Ich* sage nichts.

– Nur das eine: Als sie alle in der alten Halle versammelt waren, nur erleuchtet von einem großen Kaminfeuer (sie hatten zeitig gegessen), da schlichen sich die Schatten wieder aus ihren Verstecken hervor und tanzten im Zimmer herum und zeigten den Kindern wunderbare Gestalten an den Wänden und gaben allmählich allem Wirklichen und Bekannten zauberhafte und ungeheuerliche Formen. Aber ein Gegenstand war in der Halle, dem sich die Augen Redlaws, Millys und ihres Gatten, des Alten und des Studenten und seiner Braut oft zuwandten und den die Schatten weder verdunkelten noch veränderten. In tiefere Würde gekleidet von dem Schein der Flamme und aus dem dunkeln Getäfel der Wand wie lebendig hervortretend, sah das ernste Gesicht mit dem Bart und der Halskrause aus dem immergrünen Stechpalmenkranz auf sie herab, wie sie zu ihm emporschauten, und darunter standen, so klar und deutlich, als ob eine Stimme sie riefe, die Worte:

Herr, erhalte mein Gedächtnis frisch!